Schriftenreihe

Studien zum
bayerischen, nationalen und supranationalen
Öffentlichen Recht

Herausgegeben von

Professor Dr. Heinrich Amadeus Wolff

Band 25

ISSN 1860-8728

Verlag Dr. Kovač

Heinrich Amadeus Wolff

DNA-Mitarbeiterdateien von Polizeibeamten ohne gesetzliche Grundlage

Am Beispiel des Freistaats Bayern

Verlag Dr. Kovač

Hamburg
2014

Verlag Dr. Kovač GmbH

FACHVERLAG FÜR WISSENSCHAFTLICHE LITERATUR

Leverkusenstr. 13 · 22761 Hamburg · Tel. 040 - 39 88 80-0 · Fax 040 - 39 88 80-55

E-Mail info@verlagdrkovac.de · Internet www.verlagdrkovac.de

Bibliografische Information der Deutschen Nationalbibliothek
Die Deutsche Nationalbibliothek verzeichnet diese Publikation
in der Deutschen Nationalbibliografie;
detaillierte bibliografische Daten sind im Internet
über http://dnb.d-nb.de abrufbar.

ISSN: 1860-8728
ISBN: 978-3-8300-8188-3

Vorwort

Mit dieser Veröffentlichung soll ein Rechtsgutachten, das im Auftrag der Deutschen Polizeigewerkschaft (DPolG) Landesverband Bayern e. V. erstellt wurde, der Öffentlichkeit zugänglich gemacht werden. Literatur und Rechtsprechung befinden sich auf dem Stand März 2014. Das Gutachten wurde erbeten, da die Deutsche Polizeigewerkschaft eine neutrale und unabhängige Einschätzung der Rechtsprobleme wünschte. Das Gutachten ist als ein Element einer sich gerade in der Entwicklung befindlichen Lösung zu verstehen.

Der Autor dankt den zahlreichen Helfern aus den Kreisen der DPolG und in besonderer Weise Dr. Stefan Brink, Mainz.

Bayreuth, August 2014

Gliederung

A. Abkürzungsverzeichnis

a. A.	andere Ansicht
a. F.	alte Fassung
Abs.	Absatz
AG	Amtsgericht
Anm.	Anmerkung
AöR	Archiv des öffentlichen Rechts (Fachzeitschrift)
Art.	Artikel
Aufl.	Auflage
BayBG	Bayerische Beamtengesetz
BayDSG	Bayerisches Datenschutzgesetz
BB	Betriebs-Berater (Fachzeitschrift)
Bd.	Band
BDSG	Bundesdatenschutzgesetz
beck-online	Beck online (Fachdatenbank)
BeckRS	Beck online – „Beck-Rechtsprechung"
Beschl.	Beschluss
BGBl	Bundesgesetzblatt
BGH	Bundesgerichtshof
BGHGSt	Amtliche Entscheidungssammlung des BGH für Strafsachen
BKA	Bundeskriminalamt
BRS	Baurechtssammlung
BT	Bundestag
BT-Drs.	Amtliche Drucksache des Deutschen Bundestags
Buchholz	Entscheidungssammlung des BVerwG
BVerfG	Bundesverfassungsgericht
BVerfGE	Amtliche Entscheidungssammlung des BVerfG
BVerwG	Bundesverwaltungsgericht
BVerwGE	Amtliche Entscheidungssammlung des BVerwG
bzw.	beziehungsweise
ca.	circa
d.	des
d. h.	das heißt

ders.	derselbe
dies.	dieselbe
DNA	Desoxyribonukleinsäure
DNA-IFG	DNA-Identitätsfeststellungsgesetz
DÖV	Die öffentliche Verwaltung (Fachzeitschrift)
DPolG	Deutschen Polizeigewerkschaft (DPolG)
Drs.	Drucksache
DSRL	95/46/EG des Europäischen Parlaments und des Rates vom 24. Oktober 1995 zum Schutz natürlicher Personen bei der Verarbeitung personenbezogener Daten und zum freien Datenverkehr
DuD	Datenschutz und Datensicherheit (Fachzeitschrift)
DVBl	Deutsches Verwaltungsblatt (Fachzeitschrift)
e. V.	eingetragener Verein
EGMR	Europäischer Gerichtshof für Menschenrechte
EuZW	Europäische Zeitschrift für Wirtschaftsrecht
FG	Festgabe
Fn.	Fußnote/n
FS	Festschrift
G.	Gesetz
gem.	gemäß
GenDG	Gendiagnostikgesetz
GewArch	Das Gewerbearchiv (Fachzeitschrift)
GG	Grundgesetz
ggf.	gegebenenfalls
GRCh	Grundrechtecharta der Europäischen Union
GVBl	Gesetz- und Verordnungsblatt
Hg.	Herausgeber
i. S. v.	im Sinne von
JA	Juristische Arbeitsblätter (Fachzeitschrift)
juris	Juris (Fachdatenbank)
Kfz	Kraftfahrzeug
LG	Landgericht
lit.	Litera (Buchstabe)
LKA	Landeskriminalamt
Ls	Leitsatz

MD	Mitarbeiterdatei
MMR	MultiMedia und Recht (Fachzeitschrift)
NJOZ	Neue juristische Onlinezeitschrift (Fachzeit-schrift)
NJW	Neue Juristische Wochenschrift (Fachzeitschrift)
Nr.	Nummer
NVwZ	Neue Zeitschrift für Verwaltungsrecht (Fachzeit-schrift)
NZA	Neue Zeitschrift für Arbeitsrecht (Fachzeitschrift)
öf-rl.	öffentlich-rechtlich
OVG	Oberverwaltungsgericht
Rn.	Randnummer/n
Rs.	Rechtssache
RVO	Rechtsverordnung
S.	Seite/n
s.	siehe
s. a.	siehe auch
s. o.	siehe oben
Slg.	Sammlung
StPO	Strafprozessordnung
u. a.	unter anderem
Ut.	Urteil
v.	von/vom
Va.	Variante
VerfGH	Verfassungsgerichtshof
VerwArch	Verwaltungsarchiv (Fachzeitschrift) (Zeitschrift)
VG	Verwaltungsgericht
VGH	Verwaltungsgerichtshof
vgl.	vergleiche
z. B.	zum Beispiel
ZBR	Zeitschrift für Beamtenrecht (Fachzeitschrift)
ZRP	Zeitschrift für Rechtspolitik

B. Literatur

Bergmann, Lutz/Möhrle, Roland/Herb, Armin, Datenschutzrecht, Loseblattsammlung, Stand 2010.

Bochmann, Günter, Die verfassungsrechtlichen Grundlagen der Reföderalisierung des öffentlichen Dienstrechts, ZBR 2007, 1 ff.

Brink, Stefan, Verfassungsrechtliche Grundlagen, in: Wolff/Brink, Datenschutz in Bund und Ländern, 2013, Systematik C, S. 61 ff.

Brink, Stefan/Schmidt, Stephan, Die rechtliche (Un-)Zulässigkeit von Mitarbeiterscreenings – Vom schmalen Pfad der Legalität, MMR 2010, 592 ff.

Bull, Hans Peter, Zweifelsfragen um die informationelle Selbstbestimmung – Datenschutz als Datenaskese?, NJW 2006, 1617 ff.

Dammann, Ulrich/Simitis, Spiros, EG-Datenschutzrichtlinie, 1997.

Däubler, Wolfgang/Klebe, Thomas/Wedde, Peter/Weichert, Thilo, Bundesdatenschutzgesetz, 3. Aufl., 2010.

Ehmann, Eugen/Helfrich, Marcus, EG-Datenschutzrichtlinie 1999.

Gallwas, Hans-Ullrich/Mößle, Wilhelm/Wolff, Heinrich Amadeus, Bayerisches Polizei- und Sicherheitsrecht, 2004.

Gasch, Patrick, Grenzen der Verwertbarkeit von Daten der elektronischen Mauterfassung zu präventiven und repressiven Zwecken, 2012.

Globig, Klaus/Schober, Norbert/Hartig, Judith/Klink, Judith/Eiermann, Helmut, Landesdatenschutzgesetz Rheinland-Pfalz, 2009.

Gola, Peter/Schomerus, Rudolf, Bundesdatenschutzgesetz, 11. Aufl., 2012.

Graalmann-Scheerer, Kirsten, DNA-Massentest de lege lata und de lege ferenda, NStZ 2004, 297.

Hartmann, Thomas, Konzernweiter Kundendatenschutz – mit oder ohne Codes of Conduct (CoC)?, DuD 2008, 455 ff.

Jesch, Dietrich, Gesetz und Verwaltung, 2. Aufl., 1968.

Kempen, Bernhard, Die W-Besoldung der Professoren: Vorgeschmack auf den Besoldungspartikularismus, ZBR 2006, 145 ff.

Kersten, Jens, Zäsur Föderalismusreform? Die Entwicklung des Personalvertretungsrechts in Bund und Ländern, ZfPR 2007, 72 ff.

Kloepfer, Michael, Informationsrecht, 2002.

Knopp, Lothar, Föderalismusreform – zurück zur Kleinstaaterei?, NVwZ 2006, 1216 ff.

Kube, Hanno, Persönlichkeitsrecht, in: Isensee, Josef/Kirchhof, Paul, Handbuch des Staatsrechts, Band VII, Freiheitsrecht, 2009, § 148.

Lecheler, Helmut, Die Auswirkungen der Föderalismusreform auf die Statusrechte der Beamten, ZBR 2007, 18 ff.

Lindner, Josef Franz/Möstl, Markus/Wolff, Heinrich Amadeus, Verfassung des Freistaates Bayern, Kommentar, 2009.

Lütkes, Anne/Bäumler, Helmut, DNA-Analysen zur effektiven Strafverfolgung, Erwiderung zu Wagner, ZRP 2004, 14, ZRP 2004, 87 ff.

Menzel Hans-Joachim, Datenschutzrechtliche Einwilligung, DuD 2008, 400.

Moos, Flemming, Datenschutzrecht, 2006.

Münch, Ingo von, Verfassungsrechtliche Grenzen einer Reform des öffentlichen Dienstrechts, in: Studienkommission Bd. 5, Verfassungsrechtliche Grenzen einer Reform des öffentlichen Dienstrechts, 1973, 71 ff.

Niemöller, Martin/Schuppert, Gunnar Folke, Die Rechtsprechung des BVerfG zum Strafverfahrensrecht, AöR 107 (1982), 387 ff.

Petri, Thomas, Informationsverarbeitung im Polizei- und Strafverfahrensrecht, in: Lisken, Hans/Denninger, Erhard (Hg.), Handbuch des Polizeirechts, 4. Aufl. 2007, H, S. 825 ff.

Pommer, Stephanie, Die DNA-Analyse im Strafprozess – Problemfelder der §§ 81e ff. StPO, JA 2007, 621 ff.

Roxin, Claus/Schünemann, Bernd, Strafverfahrensrecht, 27. Aufl., 2012.

Sachs, Michael (Hg.), GG, 6. Aufl., 2011.

Schild, Hans-Hermann, Anmerkung zum Urteil des EuGH vom 09.11.2010 (Rs. C-92/09), GewArch 2011, 28 ff.

Schwarze, Jürgen (Hg.), EU-Kommentar, 2. Aufl., 2009.

Senge, Lothar, Die Neuregelung der forensischen DNA-Analyse, NJW 2005, 3028 ff.

Simitis, Spiros (Hg.), Bundesdatenschutzgesetz, 7. Aufl., 2011.

Sommer, Dagmar, Ein neues Sicherheitsgesetz für Bayern, Dissertation, Würzburg, 1995.

Spickhoff, Andreas (Hg.), Medizinrecht, 2011.

Summer, Rudolf, Gedanken zum Gesetzesvorbehalt im Beamtenrecht, DÖV 2006, 249 ff.

Taeger, Jürgen, BDSG mit TKG und TMG, 2010.

Teubert, Jürgen, Datenschutz und Polizei in Bayern, 2011.

Tinnefeld, Marie-Theres/Buchner, Benedikt/Petri, Thomas, Einführung in das Datenschutzrecht, 5. Aufl., 2012.

Trittin, Wolfgang/Fischer, Ester D., Datenschutz und Mitbestimmung – Konzernweite Personaldatenverarbeitung und die Zuständigkeit der Arbeitnehmervertretung, NZA 2009, 343 ff.

Wachinger, Verena, Grenzen automatischer Datenerfassung zu präventiven Zwecken, 2011.

Wilde, Christian Peter/Ehmann, Eugen/Niese, Marcus/Knoblauch, Anton, Bayerisches Datenschutzgesetz, Loseblatt, Stand 22. Aktualisierung, August 2013.

Wolff, Heinrich Amadeus/Fülling, Daniel, Mehrarbeitsausgleich und Krankheit nach dem bayerischen Beamtenrecht, demnächst in BayVBl – zitiert nach dem Typoskript.

Wolff, Heinrich Amadeus, Prinzipien des Datenschutzrechts, in: ders./Brink, Stefan, Datenschutzrecht in Bund und Ländern, Kommentar, 2013.

Wolff, Heinrich Amadeus, Selbstbelastung und Verfahrenstrennung, 1997.

Wolff, Heinrich Amadeus/Brink, Stefan, Datenschutzrecht in Bund und Ländern, Kommentar, 2013 (zitiert: Autor, in: Wolff/Brink, BDSG).

Wolff, Heinrich Amadeus, Der Gesetzesvorbehalt im Versorgungsrecht, Zugleich eine Urteilsanmerkung zum Urteil des BVerwG vom 7. April 2005 – 2 C 5.04, ZBR 2006, 331 ff.

Wolff, Heinrich Amadeus, Der zweite Schritt zur Föderalisierung des Beamtenrechts: Der Entwurf zum Beamtenstatusgesetz, DÖV 2007, 504 ff.

Wolff, Heinrich Amadeus, Ungeschriebenes Verfassungsrecht unter dem Grundgesetz 2000.

Wybitul, Tim, Wieviel Arbeitnehmerdatenschutz ist „erforderlich"?, BB 2010, 1085 ff.

C. Verschiedene Formen von DNA-Dateien

I. Die existierenden Mitarbeiterdateien

1. Die Fragestellung

Es gibt bei den Polizeibehörden von Bayern, Baden-Württemberg und Rheinland-Pfalz Mitarbeiterdateien, die das Identifikationsmuster von Polizeimitarbeitern speichern, um auf diese Weise Verunreinigungen von Tatorten durch Mitarbeiter schnell auffinden zu können. Die Mitarbeiterdateien beruhen nicht auf einer gesetzlichen Grundlage, sondern auf Einwilligungen der Betroffenen. Ob und – falls ja – wie weit solche Mitarbeiterdateien allein auf der Grundlage einer Einwilligung erstellt werden können, ist soweit ersichtlich weder in Wissenschaft noch Rechtsprechung diskutiert, geschweige denn geklärt. Die Frage, ob und – falls ja – wie weit die Einwilligungen Grundlage solcher Dateien sein können, ist Gegenstand der folgenden Überlegungen.

2. Die Mitarbeiterdatei in Bayern

Nach Kenntnis der DPolG, Landesverband Bayern e. V., gibt es bei den Polizeibehörden in Bayern zumindest eine (oder ggf. mehrere) interne Mitarbeiterdateien, in denen u. a. die DNA einiger bayerischen Polizeibeamter gespeichert ist (im Folgenden: Mitarbeiterdatei – MD).

Die Führung einer Mitarbeiterdatei beruht nicht auf einer gesetzlichen Grundlage, sondern wohl auf internen Richtlinien der Verwaltung. Die rechtlichen Grundlagen der Mitarbeiterdatei sind nicht publiziert, sodass sich der genaue rechtliche Rahmen der Mitarbeiterdatei nicht eindeutig feststellen lässt. Ob eine datenschutzrechtliche Errichtungsanordnung besteht, ist offen. Es scheint allerdings ein sogenanntes Konzeptionspapier zu der Mitarbeiterdatei des zuständigen Staatsministeriums zu geben. Ob dieses Konzeptionspapier als Verwaltungsvorschrift gedacht ist, das heißt, innerhalb der Verwaltung publiziert wird, ist unklar, aber wohl anzunehmen. Das Konzeptionspapier ist ebenfalls nicht veröffentlicht. Unter Berücksichtigung dieser auf fehlender Transparenz beruhenden Unsicherheit gilt wohl Folgendes:

Gespeichert werden nur personenbezogene Daten mit ausdrücklicher Zustimmung der Betroffenen. Die Datei dient dazu, an Tatorten gefundene DNA-Identifikationscodes Personen zuzuordnen, deren DNA-Identifizierungsmuster in der Mitarbeiterdatei erfasst sind. An Tatorten finden sich unvermeidlich immer auch DNA-Identifikationscodes von

Polizeibeamten, die am Tatort aus beruflichen Gründen tätig sind. Gleiches gilt bei Mitarbeitern, die im Rahmen der Laboruntersuchung von Spuren mit diesen in Berührung kommen. Um diese DNA-Identifikationscodes aus den Ermittlungen auszuscheiden, kann es hilfreich sein, eine DNA-Datei zu besitzen, bei der unter rechtlich näher dargelegten Voraussetzungen unbekannte DNA-Identifikationscodes mit früher abgegebenen Proben bzw. den daraus gewonnenen DNA-Identifizierungsmustern abgeglichen werden, bevor in größerem Umfang nach Personen außerhalb des Polizeikörpers gesucht wird. Die DNA-Datei erleichtert es daher, sogenannte Trugspuren auszuscheiden und falsche Ermittlungsschwerpunkte zu vermeiden. Sie dient zugleich der Entlastung der betroffenen Mitarbeiter, weil diese nicht jedes Mal, wenn an einem Tatort ein unbekanntes DNA-Identifizierungsmuster entdeckt wird, eine eigene Probe abgeben müssen. Aufgenommen werden wohl DNA-Identifizierungsmuster von jedem, der an Tatorten tätig ist oder im Prozess der kriminaltechnischen Ermittlungen eingeschaltet wird. Dazu gehören nicht nur Polizeibeamte, sondern auch Laborpersonal, Transportpersonal oder vergleichbar Tätige.

Gespeichert wird neben den personenbezogenen Daten, die der Identifizierung dienen, das sog. DNA-Identifizierungsmuster, das aus einem Teil der DNA gewonnen wurde. Erfasst werden nur die sogenannten nicht codierenden Teile des DNA-Strangs, die im europäischen Standard Set of Loci (ESS) als DNS-Marker enthalten sind. Die gespeicherten Teile werden nicht analysiert und sind dazu wohl auch nicht geeignet. Es findet insoweit keine sogenannte Genanalyse statt. Aussagen über persönliche Dispositionen sind wohl nur in Bezug auf das Geschlecht des Trägers möglich. Wie es zur Abspaltung des analysefähigen Teils der DNA vom nicht analysefähigen kommt, ist allerdings unklar.

Die Daten sollen in der Datei wohl zumindest pseudonymisiert gespeichert werden. Die Daten werden einem Zahlencode zugeordnet, der aus drei Teilen besteht: dem Dienststellenkürzel, dem Gruppenkürzel und dem Personenkürzel. Diese Form des Schutzes wird vom BDSG (§ 3 Abs. 6a BDSG) als Pseudonymisierung und nicht als Anonymisierung (§ 3 Abs. 6 BDSG) verstanden. Ob die Kürzel eine Identifizierung in jedem Einzelfall vollständig ausschließen ist nicht ganz eindeutig, kann aber unterstellt werden. Der Betroffene kann den Zahlencode erfahren. Die Dienststelle erfährt ihn nicht. Die Betroffenen haben Einfluss darauf, ob bei unbekannten DNA-Identifikationscodes landesweit auf ihr DNA-Identifizierungsmuster zum Abgleich zugegriffen werden soll oder nur regional bezogen in dem Bereich, in dem sie schwerpunktmäßig tätig sind. In einer zweiten Datei wird der Zahlencode personenbezogenen Daten, die der Identifizierung dienen, zugeordnet. Zu diesen Identifizierungsdaten gehören wohl: Amtsbezeichnung, Vorname, Name, Geburtsjahr, Dienststelle, Probennummer.

Der Kreis der zugriffsberechtigten Personen auf die Mitarbeiterdatei ist beschränkt. Nur diejenigen, die technisch mit der DNA-Analyse zu tun haben, und besonders beauftragte Personen einer Dienststelle besitzen Zugriffsberechtigungen.

Das Verfahren des Zugriffs auf die Datei ist wohl mehrstufig. Wird eine Übereinstimmung eines DNA-Identifizierungsmusters von einem Tatort mit einem DNA-Identifizierungsmuster der Mitarbeiterdatei festgestellt, wird der Beauftragte der Dienststelle, dem der Treffer zuzuordnen ist, informiert. Der Beauftragte dieser Dienststelle entschlüsselt den Zahlencode und unterrichtet unverzüglich den Betroffenen. Anschließend wird gemeinsam der Grund dieser Spur erörtert. Lässt sich der Treffer schlüssig begründen, wird dies dokumentiert und unter Verwendung des Zahlencodes dokumentiert. Lässt sich der Treffer nicht schlüssig begründen, kommt es zu einer weitergehenden Prüfung unter Einbeziehung des Betroffenen. Ist der Anfangsverdacht einer Straftat begründet, wird der Leiter der Dienststelle informiert und ggf. die Staatsanwaltschaft eingeschaltet. Es ist davon auszugehen, dass diese DNA-Analyse auch für eine nachfolgende Strafverfolgung verwendet werden soll.

Eine Verknüpfung der Mitarbeiterdatei mit anderen Datenbanken ist offenbar nicht vorgesehen. Es besteht keine Verbindung zu DNA-Analysedatenbanken beim BKA. Die DNA-Analyse-Datei beim BKA enthält die DNA-Identifikationscodes von Beschuldigten und Verurteilten auf der Grundlage von §§ 81 f. StPO und von am Tatort aufgefundenem Spurenmaterial, das nicht zugeordnet werden konnte. Eine Sanktion für die Verletzung dieses Verknüpfungsverbotes besteht wohl nicht.

Der Betroffene kann jederzeit ohne Angabe von Gründen die Löschung seiner Daten verlangen. Der Betroffene kann jederzeit auf Antrag Auskunft über die von ihm gespeicherten Daten erhalten. Ob die Daten gelöscht werden, wenn der Betroffene aus dem Dienst ausscheidet, ohne die Löschung ausdrücklich zu verlangen, ist nicht bekannt. Eine Überprüfungsfrist oder eine Pflichtfrist zur Erneuerung der Einwilligung ist nicht vorgesehen. Es existiert wohl eine Dokumentation, die aber nur die Zugriffe auf die Mitarbeiterdatei als solche ohne nähere Informationen aufnimmt und die Anzahl der Treffer pro Jahr zählt. Eine weitere Dokumentation über die Speicherung oder Auswertung erfolgt nicht.

3.   Die Mitarbeiterdatei in Rheinland-Pfalz

Vergleichbare DNA-Mitarbeiterdateien gibt es auch in Rheinland-Pfalz und in Baden-Württemberg. In diesen Ländern fehlt es ebenfalls an einer gesetzlichen Grundlage oder einem allgemein zugänglichen Außenrechtssatz.

Die DNA-Intern-Datei von Rheinland-Pfalz soll gemäß dem Konzeptpapier vom Februar 2010 ebenfalls den Zweck haben, Trugspuren frühzeitig auszuscheiden, um auf diese Weise falsche Verdächtigungen von Mitarbeitern zu verhindern, falsche Ermittlungsansätze zu minimieren und fehlerhafte Entlastungen von Tatverdächtigen zu vermeiden. Die Datei in Rheinland-Pfalz soll von der DNA-Analyse-Datei des BKA vollständig getrennt sein, allerdings soll vor Einstellung eines DNA-Identifikationsmusters in die Mitarbeiterdatei ein Abgleich mit der DNA-Analyse-Datei im BKA stattfinden. Ob die Einwilligung der Beamtinnen und Beamten diesen Fall ausdrücklich erwähnt, ist nicht bekannt, aber anzunehmen. Auch in Rheinland-Pfalz soll das DNA-Identifikationsmuster pseudonymisiert gespeichert werden. Der entsprechende Zahlencode zur Depseudonymisierung ist anders aufgebaut als die Vorstellungen in Bayern. Der Code setzt sich zusammen aus: zweiter Buchstabe Vorname, zweiter Buchstabe Nachname, Tag der Geburt und letzte zwei Jahre des Geburtsjahres. Ebenfalls gespeichert werden soll die Organisationseinheit. Aufgenommen werden sollen nur die DNA-Identifikationsmuster von Mitarbeitern in einer Funktion, die aufgabenbedingt überdurchschnittlich häufig Kontakt mit Spurenmaterial mit sich bringt. Eine Verwendung zu anderen Zwecken ist ausdrücklich ausgeschlossen. Die Dateien sind spätestens ein Jahr nach Eintritt in den Ruhestand oder dem Ausscheiden aus dem Dienstverhältnis zu löschen. Die Einwilligung kann jederzeit widerrufen werden, die Daten sind dann unverzüglich zu löschen. Für die Veranlassung der Entnahme von Vergleichsproben und die Übermittlung für die Datenpflege erforderlicher Informationen sind die jeweiligen Polizeibehörden zuständig, nicht die Stelle, die die Datei führt. Die Nutzung der Mitarbeiterdatei soll sich offenbar auf den Fall beschränken, dass ein DNA-Identifikationsmuster, das in die DNA-Analyse-Datei des BKA eingestellt werden soll, vorher automatisch an der Mitarbeiterdatei abgeglichen wird. Ein weiterer Fall des Abgleichs ist offenbar nicht geplant. Eine gesetzliche Grundlage besteht in Rheinland-Pfalz nicht. Inwiefern die Grundlagen der DNA-Intern-Datei publiziert wurden, ist nicht bekannt.

4. Die Mitarbeiterdatei in Baden-Württemberg

Auch in Baden-Württemberg gibt es eine Mitarbeiterdatei, die zeitlich offenbar der Datei aus Rheinland-Pfalz nachfolgte. Das Konzeptpapier ähnelt dem aus Rheinland-Pfalz. Die Zweckbestimmung ist identisch. Die Rechtsgrundlage ist wiederum eine Einwilligung. Die Datenbank wird beim LKA geführt, ist von der DNA-Analyse-Datei des BKA getrennt. Der Depseudonymisierungscode wird offenbar in Baden-Württemberg auch beim LKA geführt, die Zuordnung von Personendaten und DNA-Identifikationsmustern ist keiner der zugriffsberechtigten Stellen alleine möglich. Die Mitarbeiterdatei ist technisch vor externem Zugriff besonders geschützt. Die Personen, deren DNA-Identifikationsmuster gespeichert werden, werden dabei etwas anders umschrieben als in Rheinland-Pfalz. Es werden Daten aufgenommen von Beamtinnen und Beamten des Polizeivollzugsdienstes, des Nichtvollzugsdienstes, die hauptamtlich zur Spurensicherung eingesetzt werden, sowie weiterer Personen, die tatort- oder spurenberechtigt sind. Auf die Datei soll ebenfalls nur dann zugegriffen werden, wenn ein DNA-Identifikationsmuster nicht zugeordnet werden kann, bevor es in der DNA-Analyse-Datei des BKA oder in einem Gutachten der DNA-Untersuchungsstelle erfasst wird. Im Falle eines Treffers wird diese zunächst von der technischen Stelle untersucht und dann an die jeweilige Dienststelle weitergeleitet. Die Zuordnung des Anonymisierungscodes für die Personendaten erfolgt durch eine besonders beauftragte Person bei der eigenen Dienststelle. Die betroffene Person ist nach der Zuordnung unmittelbar zu unterrichten. Die Plausibilität der Kontaminierung wird unter Hinzuziehung des Betroffenen geprüft. Der Betroffene kann den örtlichen Personalrat hinzuziehen. Das Ergebnis wird in pseudonymisierter Form an das LKA übermittelt. Besteht der Anfangsverdacht einer Straftat, wird die Staatsanwaltschaft einbezogen. Vor Aufnahme eines DNA-Identifikationsmusters in die Mitarbeiterdatei folgt eine Überprüfung anhand der DNA-Analyse-Datei des BKA. Hierzu besteht eine selbstständige ausdrückliche Einwilligung des Betroffenen. Die Einwilligung in Baden-Württemberg wird schriftlich erteilt. Sie nimmt Bezug auf ein Merkblatt. In der Einwilligung selbst wird ausdrücklich auf die Freiwilligkeit Bezug genommen. Die zulässigen Nutzungsverfahren werden nicht näher umschrieben. Auf das Widerrufsrecht wird ausdrücklich hingewiesen. Eine Löschung ist zwei Jahre nach Ausscheiden des Dienstes vorgesehen.

II. Die Regelungen zur DNA-Analyse im Strafverfahren als Musterregelung

Ist die Speicherung des DNA-Identifikationscodes im Rahmen von MD gesetzlich nicht geregelt, heißt dies nicht, dass es überhaupt keine Regelungen zu diesem Komplex gibt. So bestehen im Zusammenhang mit der Erhebung und Speicherung von DNA-Identifikationscodes im Rahmen von Strafverfolgung durchaus detaillierte gesetzliche Vorgaben.

Diese können auch einen Einblick geben, was der Gesetzgeber selbst für eine wesentliche Regelung hält.

1. Die Regelung zur Erhebung des DNA-Identifikationscodes im Strafverfahren

Die DNA-Analyse wird der Sache nach seit Ende der achtziger Jahre als strafprozessuales Beweismittel zugelassen.[1] Seit diesem Zeitpunkt besteht eine rechtspolitische Diskussion, unter welchen Voraussetzungen sie durchgeführt werden darf. Zunächst gab es keine speziellen gesetzlichen Regelungen, vielmehr wurde die Erhebung einer Probe zwecks Gewinns des DNA-Identifikationscodes gegen den Willen des Beschuldigten auf § 81a StPO[2] gestützt. 1997 kam es zu einer gesetzlichen Regelung,[3] die mehrfach (2002,[4] 2003[5] und 2005[6]) geändert und ergänzt, vom BVerfG grundsätzlich gebilligt wurde[7] und nun Eingriffsbefugnisse enthält

- für die Erhebung von Proben zwecks Gewinns des DNA-Identifikationscodes bei Beschuldigten für ein konkretes Ermittlungsverfahren (§ 81e Abs. 1 S. 1 i. V. m. § 81a i. V. m. § 81f StPO);
- für die Erhebung von Proben zwecks Gewinns des DNA-Identifikationscodes bei Dritten für ein konkretes Ermittlungsverfahren (§ 81e Abs. 1 S. 2 i. V. m. § 81c i. V. m. § 81f StPO);
- für die Erhebung in Reihentests für ein konkretes Ermittlungsverfahren (§ 81h StPO);
- für die Speicherung von DNA-Identifikationscodes bei Beschuldigten hinsichtlich erheblicher Straftaten in einer DNA-Datei für künftige Ermittlungsverfahren (§ 81g Abs. 1 StPO);

1   S. LG Berlin NJW 1989, 787 f.; LG Darmstadt NJW 1989, 2338 f.
2   BGH, Ut. v. 21.08.1990, 5 Str. 145/90, BGHSt 37, 157 ff.; BGH, Ut. v. 12.08.1992, 5 Str. 239/92, BHSt 38, 320 ff.; BVerfG, 07.02.1996, 1 BvR 2399/95, NJW 1996, 771 ff.
3   Strafrechtsänderungsgesetz (StVÄG) – DNA-Analyse („Genetischer Fingerabdruck"), BGBl. I 1997, BGBL Jahr 1997 I 534.
4   Gesetz zur Änderung der Strafprozessordnung, BGBl. I 2002, 3018.
5   Gesetz zur Änderung der Vorschriften über die Straftaten gegen die sexuelle Selbstbestimmung und zur Änderung anderer Straftaten (SexStrÄndG), BGBl. I 2003, I 3007.
6   Gesetz zur Novellierung der forensischen DNA-Analyse, BGBl. I 2005, S. 2360.
7   BVerfG (Kammer), Beschl. v. 14.12.2000, 2 BvR 1741/99 u. a., BVerfGE 103, 21 = NJW 2001, 876 ff.

– für die Speicherung von DNA-Identifikationscodes von Verurteilten hinsichtlich erheblicher Straftaten in einer DNA-Datei für künftige Ermittlungsverfahren (§ 81g Abs. 3 StPO).

Streitpunkt bei den Änderungsgesetzen war u. a. die Frage des Umfangs des Richtervorbehalts.[8] Die Tests und die Speicherung beziehen sich immer auf den Teil der DNA, der keine weitreichenden Rückschlüsse auf das Genmaterial erlaubt, zudem dürfen nur die Identität, die Abstammung und das Geschlecht ermittelt werden (§ 81e Abs. 1 StPO).[9] Die gesetzlichen Vorschriften sehen erhebliche Verfahrenssicherungen vor (§ 81f StPO), d. h. einen Richtervorbehalt, der nur bei Gefahr im Verzug oder bei Zustimmung des Betroffenen entfällt (§ 81f Abs. 1 S. 1 StPO). Beim Reihentest ist die Zustimmung konstitutiv (§ 81h StPO). Sofern eine Zustimmung vorgesehen ist, gibt es Regeln, die die Informiertheit und die Freiwilligkeit sicherstellen (§ 81 f Abs. 1 S. 2 StPO).

2. Die Relevanz der Verfahrenssicherung der Einwilligung für die Mitarbeiterdatei

Es dürfte kaum möglich sein, bei einer Mitarbeiterdatei, bei der das DNA-Identifikationsmuster gespeichert wäre und für die keine gesetzliche Grundlage bestünde, eine Ausgestaltung der Einwilligungserklärung zuzulassen, die hinter der zurückstünde, die die StPO in den §§ 81a ff. StPO vorsieht. Die gesetzlichen Regelungen und die Diskussion um die Zulässigkeit von DNA-Tests beruhen auf der Erkenntnis, dass die Gewinnung des DNA-Identifikationscodes und erst recht die Speicherung der DNA-Identifizierungsmuster einen erheblichen Eingriff in das Recht auf informationelle Selbstbestimmung und das Persönlichkeitsrecht des Betroffenen darstellen.[10]

3. Die Eingriffsschwere einer DNA-Analyse

Die Bedeutung der DNA-Analyse liegt dabei nicht nur (a) in ihrem inhaltlichen Potenzial zur Auswertung nach persönlichen Merkmalen, (b) der Ermöglichung der eindeutigen Zuordnung zu einer bestimmten Person

---

[8] Vgl. dazu *Pommer*, JA 2007, 621, 622; *Senge*, NJW 2005, 3028, 3029; s. zur früheren strengeren Rechtslage LG Wuppertal, Beschl. v. 05.05.2000, 25 Qs 2/00, NJW 2000, 2687.

[9] *Roxin/Schünemann*, Strafverfahrensrecht, 2012, § 33 Rn. 22.

[10] S. etwa EGMR, Ut v. 04.12.2008, 30562/04 u. a. (Mayer/Vereinigtes König-reich), NJOZ 2010, 696 ff. (zur Speicherung trotz fehlender Verurteilung); BVerfG, Beschl. v. 15.03.2001, 2 BVR 1841/00, NJW 2001, 2320, 2321 (zur Speicherung).

(Identifizierungsfunktion) und (c) in der mangelnden Kontrollierbarkeit für den Betroffenen, da dieser seine Gewebespuren unwillkürlich an beliebigen (potenziellen Tat-)Orten hinterlässt, sondern (d) auch in der elektronischen Verfügbarkeit der Daten in einer Datei.[11] Einen wichtigen Aspekt bildet wie schon erwähnt dabei der Umstand, dass jeder Mensch bei fast jeder Fortbewegung unbemerkt Spuren hinterlässt und daher derjenige, der das DNA-Identifizierungsmuster besitzt und in der Lage ist, aus Körperteilen die DNA-Identifizierungsmuster heraus zu analysieren, mit erheblichem Aufwand faktisch relativ sicher belegen kann, ob der Betreffende einen Ort besucht hat oder nicht. Die Einsatzmöglichkeit und die Aussagekraft des DNA-Identifizierungsmusters sind wegen der fehlenden Steuerungsfähigkeit des Verlustes von Zellmaterial erheblich. Auch wenn man die Gefahren weitgehend durch Gesetz eingrenzen kann, bleibt immer noch, dass dann, wenn das DNA-Identifizierungsmuster aus der staatlichen Sphäre herausdringt und in der Welt ist, ob rechtmäßig oder rechtswidrig, die Belastungswirkung für den Betroffenen enorm sein kann.

Bezogen auf den Eingriffstatbestand § 81g StPO (in der Fassung von 2001) hat das BVerfG die Schwere des Eingriffs wie folgt umschrieben:[12]

a) Der absolut geschützte Kernbereich der Persönlichkeit [...] in den auch auf Grund eines Gesetzes nicht eingegriffen werden dürfte, ist nicht betroffen. Dies gilt jedenfalls, solange sich die Eingriffsermächtigung nur auf den nicht-codierenden, zu etwa 30 % aus Wiederholungseinheiten bestehenden Anteil der DNA bezieht [...], ausschließlich die Feststellung des DNA-Identifizierungsmusters zum Zweck der Identitätsfeststellung in künftigen Strafverfahren vorgenommen und das Genmaterial nach der Feststellung des DNA-Identifizierungsmusters vernichtet wird. Die mit Hilfe des allein festgestellten und gespeicherten DNA-Identifizierungsmusters erreichbare Code-Individualität wird in forensischer Sicht am besten durch ihre Nähe zum Daktylogramm verdeutlicht. Durch dessen Bestimmung und Speicherung wird der Kernbereich der Persönlichkeit nicht betroffen. Dafür ist nicht von Belang, dass der mit dem „genetischen Fingerabdruck" erreichbare Beweiswert denjenigen des herkömmlichen Fingerabdrucks und serologischer Verfahren („biochemischer Fingerabdruck") sowie anderer Identifikationsmethoden weit übertrifft [...] und der Vergleich von DNA-Identifizierungsmustern für die Praxis erhebliche technische Vorteile bei der Spurenuntersuchung bietet [...]. Entscheidend ist, dass durch die

---

11   Vgl. *Lütkes/Bäumler*, ZRP 2004, 87, 88.

12   BVerfG (Kammer), Beschl. v. 14.12.2000, 2 BvR 1741/99 u. a., BVerfGE 103, 21 = NJW 2001, 876, 880.

Feststellung des DNA-Identifizierungsmusters anhand des Proben-materials, das gem. § 81g Abs. 2 StPO anschließend zu vernichten ist, Rückschlüsse auf persönlichkeitsrelevante Merkmale wie Erbanlagen, Charaktereigenschaften oder Krankheiten des Betroffenen, also ein Persönlichkeitsprofil, nicht ermöglicht werden [...].

b) Die Feststellung, Speicherung und (künftige) Verwendung des DNA-Identifizierungsmusters greifen allerdings in das durch Art. 2 Abs. 1 i. V. m. Art. 1 Abs. 1 GG verbürgte Grundrecht auf informationelle Selbstbestimmung ein [...]. Dieses Recht gewährleistet die aus dem Gedanken der Selbstbestimmung folgende Befugnis des Einzelnen, grundsätzlich selbst zu entscheiden, wann und innerhalb welcher Grenzen persönliche Lebenssachverhalte offenbart werden [...]. Es gewährt seinen Trägern Schutz gegen unbegrenzte Erhebung, Speicherung, Verwendung oder Weitergabe der auf sie bezogenen, individualisierten oder individualisierbaren Daten [...]. Diese Verbürgung darf nur im überwiegenden Interesse der Allgemeinheit und unter Beachtung des Grundsatzes der Verhältnismäßigkeit durch Gesetz oder auf Grund eines Gesetzes eingeschränkt werden; die Einschränkung darf nicht weiter gehen, als es zum Schutze öffentlicher Interessen unerlässlich ist [...].

Dem Schrankenvorbehalt für Eingriffe in das Recht auf informationelle Selbstbestimmung [...] trägt die gesetzliche Regelung in § 2 DNA-IFG i. V. mit § 81g StPO ausreichend Rechnung. Sie bezweckt die Erleichterung der Aufklärung künftiger Straftaten von erheblicher Bedeutung und dient damit einer an rechtsstaatlichen Garantien ausgerichteten Rechtspflege, der ein hoher Rang zukommt [...].

Die gesetzliche Regelung nach § 2 DNA-IFG i. V. mit § 81g StPO genügt auch den rechtsstaatlichen Erfordernissen der Normklarheit und Justitiabilität [...] . Dazu reicht es aus, dass sie mit herkömmlichen juristischen Methoden ausgelegt werden kann [...]. Dies ist insbesondere für die Anknüpfung der Maßnahmen an Straftaten von erheblicher Bedeutung anzunehmen. Dieser Begriff wird auch in anderen strafverfahrensrechtlichen Regelungen verwendet (vgl. §§ 98a Abs. 1, 110a, 163e StPO) und von der Rechtsprechung bezüglich nicht spezialgesetzlich geregelter Ermittlungsmethoden als Begrenzungsmerkmal verwendet [...] er ist zudem im Polizeirecht der Länder anzutreffen [...] Durch die hierzu ergangene Rechtsprechung kann der Begriff näher konkretisiert werden.

Nach überwiegender Auffassung muss eine Straftat von erheblicher Bedeutung mindestens dem Bereich der mittleren Kriminalität zuzurechnen sein, den Rechtsfrieden empfindlich stören und dazu geeignet sein, das Gefühl der Rechtssicherheit der Bevölkerung erheblich zu beeinträchtigen (vgl. BT-Dr 13/10791, S. 5 [...]). Dabei grenzen die in der Vorschrift genannten Regelbeispiele den unbestimmten Rechtsbegriff weiter ein. Dadurch wird dem Bestimmtheitsgebot hinreichend Rechnung getragen [...].

Die vorsorgliche Beweisbeschaffung nach § 2 DNA-IFG i. V. mit § 81g StPO verstößt auch nicht gegen das Übermaßverbot. Sie knüpft an eine vorangegangene Verurteilung des Betroffenen wegen einer Straftat von erheblicher Bedeutung an und setzt die auf bestimmte Tatsachen gestützte Prognose voraus, dass gegen ihn künftig weitere Strafverfahren wegen Straftaten von erheblicher Bedeutung zu führen sein werden. Auf diese Weise wird die Maßnahme auf besondere Fälle beschränkt. Das Interesse des Betroffenen an effektivem Grundrechtsschutz wird dabei durch den Richtervorbehalt gem. §§ 81g Abs. 3, 81a Abs. 2 StPO berücksichtigt, der die Gerichte zur Einzelfallprüfung zwingt.

Das Rehabilitationsinteresse des Betroffenen gegenüber der Gefahr sozialer Abstempelung [...] wird durch die Anknüpfung des § 2 Abs. 1 DNA-IFG an die Tilgungsfristen des Bundeszentral- oder Erziehungsregisters hinreichend beachtet; hinzu kommt die Bestimmung des § 33 Abs. 2 Nr. 2 BKAG, wonach eine Datensperrung anzuordnen ist, wenn bei der Einzelfallbearbeitung festgestellt wird, dass die Kenntnis der Daten zur Erfüllung der dem Bundeskriminalamt obliegenden Aufgaben nicht mehr erforderlich ist.

Schließlich enthält § 81g Abs. 2 StPO eine strenge Zweckbindung und das Gebot der Vernichtung des gesamten entnommenen Zellmaterials [...]. Dadurch wird ein Missbrauch, insbesondere durch Untersuchungen im codierenden Bereich der DNA, verhindert. Die verbleibende Möglichkeit der Speicherung des DNA-Identifizierungsmusters beim Bundeskriminalamt [...] und die über § 3 S. 2 DNA-IFG eröffneten Nutzungs- und Verarbeitungsmöglichkeiten sind als vom Gesetzgeber im öffentlichen Interesse geschaffene Maßnahmen der Vorsorge für eine künftige Strafverfolgung von Verfassung wegen nicht zu beanstanden [...].

Der EGMR hat in einem bekannten Beschluss zu einer Vorratsspeicherung u. a. von DNA-Identifikationscode in Großbritannien die Belastungswirkung wie folgt qualifiziert:[13]

1. Der Gerichtshof hält an seiner Auffassung fest, dass die Befürchtungen des Einzelnen über die mögliche zukünftige Benutzung personenbezogener, von den Behörden gespeicherter Informationen berechtigt und für die Entscheidung, ob ein Eingriff vorliegt, erheblich ist. Angesichts der rapiden Entwicklung auf den Gebieten der

---

13   EGMR (Große Kammer), Ut. 04.12.2008, 30562/04 u. 30566/04 (Marper/Vereinigtes Königreich), Rn. 71 ff. = NJOZ 2010, 696 ff.

Genforschung und der Informationstechnologie lässt sich nicht ausschließen, dass Interessen des Privatlebens in Zusammenhang mit genetischen Informationen auf neue und heute noch nicht vorstellbare Art und Weise beeinträchtigt werden können. Daher gibt es keinen hinreichenden Grund, von der Entscheidung im Fall Van der Velden/Niederlande (EGMR, Slg. 2006-XV) abzugehen.

2. Berechtigte Sorge um die in der Zukunft mögliche Verwendung von Zellmaterial ist jedoch nicht der einzige Aspekt, der bei der hier zu treffenden Entscheidung zu berücksichtigen ist. Zusätzlich zu der höchst persönlichen Art dieses Materials enthält es viele sensible Informationen über eine Person, einschließlich ihrer Gesundheit, außerdem einen einzigartigen genetischen Code von größter Bedeutung für den Betroffenen wie für seine Angehörigen. Insoweit stimmt der Gerichtshof Baroness Hale im Urteil des House of Lords zu. [...]

3. Angesichts der Art und des Umfangs der im Zellmaterial enthaltenen personenbezogenen Informationen muss die bloße Vorratsspeicherung von Zellproben als Eingriff in das Recht auf Achtung des Privatlebens der betroffenen Person angesehen werden. Dass die Behörden mit einem DNA-Profil tatsächlich nur wenige Informationen gewinnen und verwenden und im Einzelfall kein unmittelbarer Schaden eintritt, ändert nichts an dieser Feststellung (s. EGMR, Slg. 2000-II Nr. 69 = ÖJZ 2001, 71 – Amann/Schweiz).

4. DNA-Profile enthalten eine geringere Menge an personenbezogenen Informationen, die in kodierter Form aus dem Zellmaterial gewonnen werden. Die Regierung führt aus, ein DNA-Profil sei nicht mehr als eine Folge von Zahlen oder ein Strichcode mit rein objektiven und nicht widerlegbaren Informationen und nur im Fall einer Übereinstimmung mit einem anderen Profil in der Datenbank sei es möglich, eine Person zu identifizieren. Wegen der kodierten Form müssten die Informationen mit Hilfe von Computertechnologie lesbar gemacht werden und nur eine begrenzte Anzahl von Personen sei in der Lage, die fraglichen Daten zu lesen.

5. Nichtsdestotrotz enthält ein DNA-Profil erhebliche Mengen einzigartiger personenbezogener Daten. Selbst wenn die darin liegenden Informationen objektiv und unwiderlegbar sind, wie es die Regierung sieht, ermöglicht die automatische Datenverarbeitung den Behörden, weit über eine neutrale Identifizierung einer Person hinauszugehen. Die Regierung selbst hat eingeräumt, dass DNA-Profile für die Suche nach Familienangehörigen benutzt werden können, was auch vorgekommen ist, um eine mögliche genetische Verbindung zwischen verschiedenen Personen aufzudecken. Sie hat auch zugestanden, dass eine solche Suche höchst heikel ist und eine sehr strenge Kontrolle verlangt. Dass es mit DNA-Profilen mög-

lich ist, genetische Verbindungen zwischen Personen aufzudecken [...], reicht nach Auffassung des Gerichtshofs *für die Feststellung, dass ihre Vorratsspeicherung in das Recht auf Achtung des Privatlebens des Betroffenen eingreift. Die Häufigkeit solcher Suche nach Familienbanden, die dabei vorgesehenen Sicherungen und die Wahrscheinlichkeit eines Schadens im Einzelfall sind insoweit unerheblich (s.* EGMR, Slg. 2000-II Nr. 69 *= ÖJZ 2001, 71 – Amann/Schweiz). Auch der Umstand, dass die Informationen, weil kodiert, nur mittels Computertechnologie lesbar sind und nur von einer begrenzten Anzahl von Personen gelesen werden können, berührt diese Feststellung nicht.*

D. Die Einwilligung als Grundlage einer Datenverarbeitung

I. Die Anerkennung der Einwilligung in Art. 15 BayDSG

1. Die Rechtfertigung von Datenverarbeitungen durch eine Einwilligung

Die Rechtsgrundlage für die Errichtung und die Nutzung der Mitarbeiter-datei könnte im bayerischen Datenschutzgesetz zu finden sein. Die Erhebung, Verarbeitung und Nutzung personenbezogener Daten sind danach nur zulässig, wenn eine Rechtsvorschrift sie erlaubt oder der Betroffene eingewilligt hat (Art. 15 Abs. 1 BayDSG). Die Einwilligung ist das Einverständnis des Betroffenen, dass personenbezogene Daten, die ihn betreffen, verarbeitet werden.[14] Art. 2 lit. h DSRL 95/46/EG definiert als Einwilligung jede Willensbekundung, die ohne Zwang, für den konkreten Fall sowie in Kenntnis der Sachlage erfolgt und mit der die betroffene Person akzeptiert, dass personenbezogene Daten, die sie betreffen, verarbeitet werden.

Die Einwilligung ist eine allgemein anerkannte Kategorie der Rechtfertigung der Verarbeitung von personenbezogenen Daten. Nicht endgültig klar ist, ob die Einwilligung dabei einen vorhandenen Eingriff rechtfertigt oder schon das Vorliegen eines Grundrechtseingriffs ausschließt. Da das Recht der informationellen Selbstbestimmung die eigene Verantwortung für die zweckgebundene Freigabe der eigenen Daten schützen will, liegt es nahe, die wirksame Einwilligung als schutzbereichsausschließend zu verstehen, auch wenn die andere Ansicht gut vertretbar erscheint. Der Sache nach verzichtet daher der Betroffene auf den Schutz des Rechts auf informationelle Selbstbestimmung, indem er sich mit der Verarbeitung seiner Daten einverstanden erklärt. Dogmatisch streng genommen handelt es sich nicht um einen Grundrechtsverzicht, weil der Betroffene nicht auf sein Grundrecht verzichtet. Das Schutzgut des Rechts auf informationelle Selbstbestimmung ist vielmehr so ausgestaltet, dass eine gesetzliche Grundlage nur dann verlangt wird, wenn der Betroffene nicht freiverantwortlich in die Datenverarbeitung einwilligt. Das Grundrecht auf informationelle Selbstbestimmung wird durch eine Einwilligung auch nicht gegenstandslos. Vielmehr wirkt das Recht auf informationelle Selbstbestimmung auch auf die Frage einer schutzbereichsausschlie-

---

[14]   *Knecht*, in: Schwarze, EU-Kommentar, Art. 8 Rn. 7.

ßenden Einwilligung ein. Nicht jede Einwilligung kann das Vorliegen eines Eingriffs verhindern, sondern nur eine Einwilligung, die vom Sinn des Rechts auf informationelle Selbstbestimmung her die Freiverantwortlichkeit des Betroffenen in angemessener Weise sicherstellt.

2. Anwendbarkeit des BayDSG

a) Anwendbarkeit bei pseudonymisierten Daten

Die Heranziehung von Art. 15 BayDSG setzt zunächst die Anwendbarkeit des bayerischen Datenschutzgesetzes voraus. Gemäß Art. 2 Abs. 1 BayDSG gelten die Normen dieses Gesetzes für die Erhebung, Verarbeitung und Nutzung personenbezogener Daten unter anderem durch Behörden des Freistaates Bayern. Die Polizeibehörden sind Behörden des Freistaates Bayern. Es wird dabei unterstellt, dass die Mitarbeiterdatei von der Polizei als verantwortliche Stelle (d. h. selbst oder im Wege der Auftragsdatenverarbeitung gem. Art. 6 BayDSG) geführt wird. Personenbezogene Daten sind gemäß Art. 4 BayDSG Einzelangaben über persönliche und sachliche Verhältnisse bestimmter oder bestimmbarer natürlicher Personen (Betroffene). Die DNA-Identifizierungsmuster sind Einzelangaben über persönliche Verhältnisse. Solange sie pseudonymisiert sind, sind sie keiner Person zuzuordnen und endgültig getrennt von dem Depseudonymisierungsschlüssel und anderen zur Re-Identifizierung tauglichen Daten. In den Situationen, in denen eine Entschlüsselung möglich ist oder herbeigeführt wird, handelt es sich um personenbezogene Daten. Daher handelt es sich, zumindest für die Personen, die über den Depseudonymisierungsschlüssel verfügen, um die Verarbeitung personenbezogener Daten. Zudem muss der Dienstherr sich die Gesamtheit der bei ihm vorhandenen Daten als Ganzes wohl zurechnen lassen, da innerhalb seiner Sphäre sowohl die pseudonymisierten Daten als auch der Depseudonymisierungsschlüssel vorliegen. Damit handelt es sich bei den DNA-Identifizierungsmustern zumindest für ihn um personenbezogene Daten.

b) Keine spezielleren Normen

Gemäß Art. 2 Abs. 7 BayDSG gehen spezielle datenschutzrechtliche Normen dem Art. 15 BayDSG vor.[15] Art. 15 BayDSG bildet die Auffangvorschrift für die Zulässigkeit der Verarbeitung personenbezogener Daten. Spezialrechtliche Vorschriften wären hier sowohl im Bereich des Polizeirechts als auch im Bereich des Beamtenrechts denkbar.

---

[15]   Vgl. dazu *Teubert*, Datenschutz, S. 25.

Soweit ersichtlich sind aber keine spezielleren gesetzlichen Vorschriften vorhanden. Es gibt zwar thematisch einschlägige Regeln im bayerischen Beamtenrecht zur Bedeutung von Einwilligungen in die Verarbeitung personenbezogener Daten des Betroffenen; diese Vorschriften erfassen aber nicht den vorliegenden Fall. Gemeint sind folgende Fälle:

- Art. 96 Abs. 5 BayBG enthält eine Ermächtigung zum Erlass einer Rechtsverordnung im Bereich des Beihilfenrechts, die sich gemäß Art. 96 Abs. 5 Nr. 4 lit. c) BayBG auch auf das Verfahren der Beihilfe und den Einbezug von Gutachtern bezieht. Dabei ist ausdrücklich niedergelegt, dass die Übermittlung der erforderlichen Daten an Gutachter und Gutachterinnen, Beratungsärzte und Beratungsärztinnen sowie sonstige geeignete Stellen zur Überprüfung der Notwendigkeit und Angemessenheit einzelner geltend gemachter Aufwendungen nur in der Rechtsverordnung vorgesehen werden kann, wenn die Einwilligung des oder der Beihilfeberechtigten vorgesehen wird.

- Art. 108 Abs. 1 BayBG regelt ausdrücklich Fälle, in denen die Personalakte ohne Einwilligung des Betroffenen weitergegeben werden darf.

- Auskünfte aus der Personalakte dürften – von dem Fall des Abs. 3 abgesehen – gem. Art. 108 Abs. 2 BayBG grdsl. nur mit Einwilligung des Betroffenen erteilt werden.

Auf den ersten Blick liegt es nahe anzunehmen, es lasse sich im Umkehrschluss zu Art. 96 Abs. 5, Art. 108 Abs. 1 und Art. 108 Abs. 2 BayBG schließen, dass das Beamtenrecht grundsätzlich von der Zulässigkeit einer Einwilligung in die Verarbeitung personenbezogener Daten des Betroffenen ausgeht. Auf den zweiten Blick ist dieser Schluss aber nicht mehr ganz so sicher. Die gesetzlich geregelten Fälle betreffen überwiegend – wenn auch nicht ausschließlich – Einwilligungen, die in Bezug auf gesetzlich zulässige Datenverarbeitungen abgegeben werden. Hier besitzt die Einwilligung daher vor allem ein verstärkendes und ein absicherndes Moment und kein alleinig rechtfertigendes Element. Man kann daher aus den drei Fällen ersehen, dass der Gesetzgeber grundsätzlich davon ausgeht, dass die Datenverarbeitung sich in der Regel auf gesetzlicher Grundlage vollzieht und in besonders kritischen Fällen eine Einwilligung zusätzlich hinzukommen muss, ohne allerdings die Einwilligung zwingend auszuschließen.

Eine dem Art. 15 BayDSG vorgehende Regelung ist daraus nicht abzuleiten. Art. 15 BayDSG wird daher von den genannten Normen nicht verdrängt und ist grundsätzlich anwendbar.

Weiter könnte man daran denken, Art. 102 BayBG für spezieller zu halten. Nach Art. 102 BayBG darf der Dienstherr personenbezogene Daten über Bewerber, Bewerberinnen, Beamte und Beamtinnen sowie ehemalige Beamte und Beamtinnen erheben, soweit dies zur Begründung, Durchführung, Beendigung oder Abwicklung des Dienstverhältnisses oder zur Durchführung organisatorischer, personeller und sozialer Maßnahmen, insbesondere auch zu Zwecken der Personalplanung und des Personaleinsatzes, erforderlich ist oder eine Rechtsvorschrift dies erlaubt. Die Mitarbeiterdatei ist keine erforderliche Maßnahme für die Abwicklung des Dienstverhältnisses, wäre sie dies, bedürfte es erstens eines flächendeckenden Einbezugs und zweitens wegen der Sensibilität einer konkreten gesetzlichen Grundlage.

Art. 15 BayDSG wird daher von den genannten Vorschriften nicht verdrängt und ist grundsätzlich anwendbar.

3. Verarbeitung

Art. 15 BayDSG verlangt weiter, dass es sich um eine Erhebung, Verarbeitung oder Nutzung personenbezogener Daten handelt. Die Begriffe sind in Art. 4 Abs. 5, Abs. 6 und Abs. 7 BayDSG definiert. Die Erhebung der DNA-Identifizierungsmuster, ihre Speicherung, ihr Abgleich und die Löschung sind Verarbeitungen im weiteren Sinne.

4. Personenbezogene Daten

Das Merkmal der personenbezogenen Daten ist ebenfalls gegeben (s. o. S. 34). Gemäß Art. 15 Abs. 1 Nr. 2 BayDSG ist die Verarbeitung im weiteren Sinne zulässig, sofern der Betroffene eingewilligt hat.

II. Die Anforderungen an die Einwilligung

Je nach Konstellation sind an die Einwilligung unterschiedlich hohe Anforderungen zu stellen.[16] Nicht jede Einwilligung ist rechtlich wirksam. Es gibt geschriebene (Art. 15 Abs. 2 bis Abs. 7 BayDSG) und ungeschriebene Voraussetzungen einer wirksamen Einwilligung.[17] Die Voraussetzungen sind im Einzelnen:

---

[16] *Däubler*, in: Däubler/Klebe/Wedde/Weichert, BDSG, 2010, § 4a Rn. 7; *Hartmann*, DuD 2008, 455, 459.

[17] Unvollständig insoweit *Ehmann*, in: Wilde/Christian/Ehmann/Niese/Knoblauch, BayDSG, Art. 15 (Stand Juli 2005), Rn. 1 ff.

1. Form

Gemäß Art. 15 Abs. 3 S. 1 BayDSG bedarf die Einwilligung grundsätzlich der Schriftform. Die Ausnahmevorschriften gemäß Art. 15 Abs. 3 S. 1, Va. 2, S. 2 und 3 BayDSG sind im vorliegenden Fall nicht relevant. Gemäß Art. 15 Abs. 4 BayDSG muss die Einwilligungserklärung in die Datenverarbeitung von anderen Einwilligungserklärungen deutlich abgesetzt abgegeben werden.

2. Sensible Daten

Für besonders sensible Daten verlangt Art. 15 Abs. 7 Nr. 2 BayDSG eine besondere Beziehung der Einwilligung auf die Sensibilität der Daten. Besonders sensible Daten sind Daten, aus denen die rassische und ethnische Herkunft, politische Meinungen, religiöse oder philosophische Überzeugungen oder die Gewerkschaftszugehörigkeit des Betroffenen hervorgehen, sowie Daten über Gesundheit oder Sexualleben.

3. Einwilligungsfähigkeit der Verarbeitung

Art. 15 Abs. 1 Nr. 1 BayDSG setzt ungeschrieben voraus, dass der Eingriff, um den es bei der konkreten Datenverarbeitung geht, überhaupt einwilligungsfähig ist. Es ist unbestritten, dass es Eingriffsformen gibt, die grundsätzlich nicht einwilligungsfähig sind. Die fehlende Einwilligungsfähigkeit kann dabei zunächst auf dem betroffenen Rechtsgut, aber auch auf den Gesamtumständen des Eingriffs beruhen, sofern diese dergestalt sind, dass man aus rechtsstaatlichen oder demokratischen Gründen eine gesetzliche Grundlage für die Datenverarbeitung verlangen muss.

4. Freiwilligkeit

a) Allgemein

Die Einwilligung muss freiwillig abgegeben werden. Die Freiwilligkeit ist in Art. 15 BayDSG, anders als bei § 4a Abs. 1 S. 1 BDSG, nicht ausdrücklich niedergelegt. Die Freiwilligkeit ergibt sich aber im Umkehrschluss aus § 15 Abs. 2 BayDSG. Der Hinweis auf die Verweigerbarkeit der Einwilligung hätte keinen Sinn, wenn die Freiwilligkeit ihrer Abgabe selbst nicht ein materielles Tatbestandsmerkmal wäre.
Weiter ergibt sich die Freiwilligkeit aus dem Begriff der Einwilligung und deren Ratio sowie aus den verfassungsrechtlichen Anforderungen.[18] Das

---

[18] *Kühling*, in: Wolff/Brink, Datenschutz, § 4a Rn. 28 u. 35; *Simits*, in: ders. (Hg.), BDSG, 2011, § 4a Rn. 62 f.

Unionsrecht fordert – sprachlich etwas schwächer – in Art. 2 lit. h DSRL, dass die Einwilligung „ohne Zwang" erfolgen muss.[19] Diese Abweichung führt nicht dazu, dass das Erfordernis der weitergehenden Freiwilligkeit im deutschen Recht unzulässig ist.

Im Anwendungsbereich der Datenschutzrichtlinie 95/46/EG geht der EuGH zwar davon aus, dass diese nicht nur eine Mindestharmonisierung, sondern nahezu eine Vollharmonisierung bezwecke, mit der Folge, dass der Umsetzungsspielraum gering ist.[20] Allerdings betont er gleichzeitig, bei der Umsetzung der Richtlinie bestünde ein weiter Handlungsspielraum.[21] Der Sinn der Formulierung „ohne Zwang" ist bei Art. 2 DSRL kaum so zu verstehen, als sei dadurch das Erfordernis der Freiwilligkeit ausgeschlossen, weil die Definition ausdrücklich den Schutz des Betroffenen im Blick hat und daher nicht die Obergrenze des möglichen Schutzes definieren wird. Besonders deutlich wird dies auch, wenn man die englische Sprachfassung heranzieht, bei der von „freely given" („frei abgegeben") die Rede ist.

Einwilligungen, die nicht freiwillig abgegeben werden, sind nicht wirksam. Freiwilligkeit meint eine „freie Entscheidung", eine „autonome Entscheidung", d. h. eine Situation, in der die Einwilligung auf einer dem Betroffenen zurechenbaren und von ihm stammenden Entscheidung beruht und der Betroffene real auch die Möglichkeit der Ablehnung ihrer Erteilung besitzt.

Das Erfordernis, dass die Einwilligung freiwillig erteilt werden muss, ist unbestritten. Welche Anforderungen an die Freiwilligkeit zu stellen sind, hängt vom Einzelfall ab.

Einen selbstständigen Bestandteil der Freiwilligkeit bildet das sog. Kopplungsverbot. Dieses ist speziell für eine besondere Situation in § 28 Abs. 3a BDSG geregelt. Ansonsten gilt es in seinem Kern aus dem Begriff der Freiwilligkeit heraus.[22] Nach dem Kopplungsverbot darf die

---

[19]   S. dazu *Dammann/Simitis*, DSRL, 1997, Art. 2 Rn. 23; *Ehmann/Helfrich*, DSRL, 1999, Art. 2 Rn. 66.

[20]   EuGH, Ut. v. 06.11.2003, Rs. C-101/01 (Bodil Lindquist), Slg. 2003, I-12971 = EuZW 2004, 245, Rn. 96; EuGH, Ut. v. 16.12.2008, Rs. C-524/06 (Huber), Slg. 2008, I-9705 = EuZW 2009, 28, Rn. 51; EuGH, Ut. v. 24.11.2011, C-468/10 (Federación de Comercio Electrónico y Marketing Directo [FECEMD]) u. Rs. C-469/10 (Administración del Estado),Slg. 2011, I-12181 ff. = EuZW 2012, 37, Rn. 29 f.

[21]   EuGH, Ut. v. 06.11.2003, Rs. C-101/01 (Bodil Lindquist), Slg. 2003, I-12971 = EuZW 2004, 245, Rn. 97; EuGH, Ut. v. 07.05. 2009, Rs. C-553/07 (College van burgemeester en wethouders van Rotterdam/ M. E. E. Rijkeboer),Slg. 2009, I-3889 = EuZW 2009, 546, Rn. 56.

[22]   *Däubler*, in: Däubler/Klebe/Wedde /Weichert, BDSG, 2010, § 4a Rn. 24; *Bergmann/Möhrle/Herb*, BDSG, § 4 (Stand Februar 2002), § 4a Rn. 6; ausführ-

Gewährung einer Leistung nicht von der Einwilligung in die Datenverarbeitung, die in einem völlig anderen Kontext steht, abhängig gemacht werden.

b) Abhängigkeit von der Belastungsintensität

aa) Abhängigkeit der Ausgestaltung der Einwilligung von der Belastungsintensität

Die Anforderungen an die Einwilligung hängen auch davon ab, welche Belastung von der konkreten Datenverarbeitung ausgeht. Je belastender die Verarbeitung für den Betroffenen wird, umso höhere Anforderungen müssen an die Freiwilligkeit seiner Abgabe gestellt werden. Es ist für die Frage der Zulässigkeit der Verarbeitung aufgrund einer Einwilligung erheblich, wie schwer die Belastung durch die Verarbeitung für den Betroffenen wirkt. Die Belastungsschwere ist eine aus dem Bereich des Grundrechtsschutzes bekannte Überlegung. Wird in ein Grundrecht eingegriffen, hängt das zur Rechtfertigung des Eingriffs erforderliche Ausmaß an Gemeinwohlbelangen auch davon ab, wie schwer dieser Grundrechtseingriff wirkt. Liegt kein Eingriff in ein Grundrecht vor, sondern eine Eröffnung des Schutzbereichs, die aber wegen einer vorliegenden Einwilligung nicht zu einem Eingriff führt, können dennoch die Gesichtspunkte, die die Schwere des Eingriffs bestimmen, auch für die Frage herangezogen werden, welche Anforderungen an die Einwilligung zu stellen sind, um dieser ihre rechtfertigende Kraft beizumessen.

bb) Übertragbarkeit der Kriterien für die Eingriffsschwere

Man kann für die Beurteilung der Belastungsintensität der Datenverarbeitung deshalb auf die Kriterien für die Bestimmung des Gewichts des Grundrechtseingriffes zurückgreifen, weil es beide Male um die Frage geht, in welchem Umfang die Beeinträchtigung des betroffenen Grundrechts einen Rechtfertigungsbedarf aufwirft, unabhängig davon, dass einmal die Beeinträchtigung sich zum Eingriff verdichtet und das andere Mal nicht.

cc) Mögliche Kriterien

Die Kriterien für die Beurteilung der Schwere eines Eingriffs sind hinreichend geklärt.[23] Als allgemeine Belastungskriterien lassen sich etwa nennen:

– Welche Grundrechte sind betroffen?

---

lich *Kühling*, in: Wolff/Brink, Datenschutz, § 4a Rn. 38 f.; *Simits*, in: ders. (Hg.), BDSG, 2011, § 4a Rn. 63.

[23] Vgl. BVerfGE 115, 320, 347; ausführlich *Gasch*, Grenzen, 2012, 204 ff.; *Wachinger*, Grenzen, 2011, 276 ff.

– Wie ist das Ausmaß der Beeinträchtigung?

– Sind evtl. noch mehr Grundrechte betroffen (kumulative Betroffenheit oder Schutzbereichsverstärkung)?

– Gibt es mehrere grundrechtliche Belastungen, die sich aufsummieren (additiver Grundrechtseingriff – Überwachung durch Polizei, Verfassungsschutz und Strafverfolgung)?

– Gibt es Übergangsbestimmungen?

– Gibt es Ausnahmeregelungen?

– Gibt es Kompensationsregelungen?

– Wie viele Personen sind betroffen?

– Können die Betroffenen der Belastung ausweichen?

Diese allgemeinen Kriterien lassen sich ergänzen um Fragestellungen, die sich speziell auf informationelle Eingriffe beziehen. Danach fließen für die Bewertung ein:

– die Art der erfassten Informationen, insbesondere deren Persönlichkeitsrelevanz und ihre Aussagekraft;

– die Art der durch weitergehende Verarbeitung gewinnbaren Informationen und deren Persönlichkeitsrelevanz;

– der Anlass und die Umstände der Erhebung;

– die Streubreite der Erhebung;

– der Umstand, ob die Beeinträchtigungen bemerkt werden oder geheim sind;

– in welcher Weise die Verfahrensausgestaltung die Belastung mildert (Gibt es Abfederungen und Sicherungen vor Missbrauchsfällen oder Fehlentscheidungen? Gibt es Kontrollmechanismen?);

– die drohenden Nachteile durch die Verwendung der Daten; die Schwere des Eingriffs nimmt mit der Möglichkeit der Nutzung der Daten für Folgeeingriffe in Grundrechte der Betroffenen sowie mit der Möglichkeit der Verknüpfung mit anderen Daten, die wiederum andere Folgemaßnahmen auslösen können, zu; die möglichen Empfänger, die Frage der Kontrollierbarkeit;

– die Verantwortlichkeit für die Belastung; hat der Betroffene einen ihm zurechenbaren Anlass, etwa durch eine Rechtsverletzung, für die Erhebung geschaffen oder erfolgt sie anlasslos;

– wie konkret die Zwecke vorgegeben sind – vorsorglich oder nicht;

– die Frage der Datenherrschaft (Werden die Daten aus der Hand gegeben? Oder kann jeder Einzelfall der Verarbeitung gesteuert werden?);

- die Möglichkeit der Erstellung von Bewegungs- und Persönlichkeits-
profilen;
- die Möglichkeit der späteren Löschung,
- Bestehen von Dokumentationspflichten; Auskunfts- und Widerrufs-
rechten.[24]

5. Bestimmtheit

a) Rechtsgrundlage

Ebenfalls nicht ausdrücklich in Art. 15 BayDSG niedergelegt ist das
Erfordernis, dass die Einwilligungserklärung hinreichend bestimmt sein
muss. Das Bestimmtheitserfordernis ergibt sich aus dem Vergleich von
Art. 15 Abs. 1 BayDSG und Art. 15 Abs. 7 BayDSG. Das Gebot der Bestimmtheit folgt auch aus Art. 2 lit. h DSRL.[25] Dort ist die Einwilligung für
den konkreten Fall und in Kenntnis der Sachlage abzugeben. Daraus
folgt zumindest, dass die Einwilligung sich auf eine konkrete Verarbeitung von Daten über eine konkrete Person durch einen bestimmten
Verantwortlichen für bestimmte Zwecke beziehen muss.[26]

b) Inhalt des Gebots

Das Gebot der Bestimmtheit meint, dass die Einwilligungserklärung
hinreichend konkret auf den Datenverarbeitungsvorgang bezogen sein
muss. Eine Erklärung des Inhalts, der Betroffene stimme zu, genügt
daher in keinem Fall. Die Erklärung muss vielmehr aus sich heraus
deutlich werden lassen, dass der Betroffene weiß, worauf sich seine
Erklärung bezieht. Wann eine Erklärung hinreichend bestimmt ist, lässt
sich nicht für alle Verarbeitungsfälle in gleicher Weise abstrakt bestimmen, vielmehr lässt sich das erforderliche Maß an Bestimmtheit nur in
Zusammenschau mit der konkreten Verwendungssituation festlegen.[27]
Ein gewisser Grad an Unvollständigkeit hinsichtlich der möglichen Ver-

---

24 BVerfG, Beschl. v. 24.01.2012, 1 BvR 1299/05, NJW 2012, 1419, 1424,
    Rn. 137 ff. (§§ 111 ff. TKG); BVerfG, Ut. v. 11.03.2008 – 1 BvR 2074/05 u. a.,
    BVerfGE 120, 378 ff. = NJW 2008, 1505, 1507 Rn. 76 (automatische KFZ-
    Kennzeichen-Erkennung); BVerfG, Beschl. v. 13.06.2007, 1 BvR 1550/03
    u. a., BVerfGE 118, 168 ff. = NJW 2007, 2464, 2469, Rn. 133 (Kontostamm-
    daten) m. w. N.

25 *Däubler*, in: Däubler/Klebe/Wedde/Weichert, BDSG, 2010, §4a Rn. 19; s. a.
    Dammann/Simitis, DSRL, 1997, Art. 2 Rn. 22; *Ehmann/Helfrich*, DSRL, 1999,
    Art. 2 Rn. 71.

26 *Däubler*, in: Däubler/Klebe/Wedde/Weichert, BDSG, 2010, §4a Rn. 19.

27 *Kühling*, in: Wolff/Brink, Datenschutz, §4a Rn. 45.

arbeitungszwecke und -formen ist unvermeidlich und kann hingenommen werden.[28] Das Maß an erforderlicher Bestimmtheit ist dabei umso höher, je mehr der Persönlichkeitsschutz des Betroffenen berührt ist.[29] Dieser Gedanke liegt auch dem Art. 15 Abs. 7 BayDSG zugrunde, da dort ausdrücklich verlangt wird, dass die Einwilligungserklärung in die Verarbeitung sensibler Daten sich auf diese Datenkategorie beziehen muss, im Gegensatz zu der „normalen" Verarbeitung. Weiter muss die Bestimmtheit umso klarer sein, je schwerer die Datenverarbeitung das Selbstbestimmungsrecht beeinträchtigt, auch hier ist wiederum auf die bei der in Zusammenhang mit der Freiwilligkeit genannten Kriterien (s. o. S. 39) zurückzugreifen.

6. Informiertheit

a) Die Rechtfertigung des Erfordernisses der Kenntnis

Eine wirksame Einwilligung kann nur derjenige abgeben, der weiß, worum es geht.[30] Einen gewissen Grad an Informiertheit verlangt daher jede Einwilligung schon aus sich heraus.[31] Weiter ergibt sich die Notwendigkeit der Informiertheit auch aus Unionsrecht.[32] Art. 2 lit. h DSRL verlangt, dass der Betroffene in Kenntnis der Sachlage einwilligt. Das Gebot der Informiertheit ergibt sich auch im Umkehrschluss aus Art. 15 Abs. 2 BayDSG, da die dort normierte Informationspflicht diese gerade sicherstellen soll. In die gleiche Richtung weist Art. 16 Abs. 3 S. 2 BayDSG, nach dem der Betroffene auf Verlangen über die Rechtsvorschriften und über die Folgen der Verweigerung von Angaben aufzuklären ist. Die ausreichende Information bildet eine Wirksamkeitsvoraussetzung für die Einwilligung.[33]

28	*Kühling*, in: Wolff/Brink, Datenschutz, § 4a Rn. 45; *Simits*, in: ders. (Hg.), BDSG, 2011, § 4a Rn. 80.
29	*Kühling*, in: Wolff/Brink, Datenschutz, § 4a Rn. 45; *Däubler*, in: Däubler/Klebe/Wedde/Weichert, BDSG, 2010, § 4a Rn. 18 f.; *Wohlgemuth*, BB 1996, 693.
30	AG Elmshorn, Ut. v. 25.04.2005, 49 C 54/05, MMR 2005, 870; *Bergmann/Möhrle/Herb*, BDSG, § 4 (Stand Februar 2002), § 4a Rn. 74 u. 75; *Kühling*, in: Wolff/Brink, Datenschutz, § 4a Rn. 43.
31	*Däubler*, in: Däubler/Klebe/Wedde/Weichert, BDSG, 2010, § 4a Rn. 8.
32	*Kühling*, in: Wolff/Brink, Datenschutz, § 4a Rn. 43; *Dammann/Simitis*, DSRL, 1997, Art. 2 Rn. 24; *Ehmann/Helfrich*, DSRL, 1999, Art. 2 Rn. 70.
33	*Frenz*, Handbuch Europarecht, Band 4, § 4 Rn. 1420.

Das Merkmal ist streng genommen kein Unterfall der Freiwilligkeit,[34] sondern ein selbstständiger Aspekt, der sich aus der Funktion der Einwilligung ergibt. Das Merkmal ist nicht leicht zu fassen und darf nicht zu streng verstanden werden, da ansonsten die Rechtssicherheit für denjenigen, der auf die Einwilligung vertraut, zu sehr leidet.

b) Gegenstand der Kenntnis

Der Umfang der erforderlichen Informiertheit und damit auch der gebotenen Informationspflicht hängen von den Umständen des Einzelfalls ab.[35] Je schwerer die Datenverarbeitung das Selbstbestimmungsrecht beeinträchtigt, umso weitreichender muss das Informationsangebot sein. Auch hier ist wiederum auf die bei der in Zusammenhang mit der Freiwilligkeit genannten Kriterien (s. o. S. 39) zurückzugreifen. Grundsätzlich muss sich die Kenntnis beziehen auf die Rechtsgrundlage, den sachlichen Grund, Reichweite und Verwendungszusammenhang der personenbezogenen Daten, potenzielle Empfänger, die Frage der Freiwilligkeit und Beherrschbarkeit. Gleiches gilt für die Frage, was gilt, wenn die Einwilligung nicht erteilt wird. Diese Kenntnis der Folgen birgt zwei Aspekte in sich. Zum einen muss der Betroffene wissen, welches Rechtsregime für den Fall ohne Einwilligung gilt, und zum anderen muss er wissen, ob ihm tatsächlich Nachteile drohen.[36]

c) Informationspflicht

Sofern die Datenerhebung vom Willen des Betroffenen abhängt, müssen Informationspflichten darüber hinaus gewährleisten, dass der Betroffene informiert und selbstbestimmt darüber entscheiden kann, ob er die Daten preisgeben will,[37] auch wenn die Idee einer wirklich umfassenden Informiertheit eine Illusion ist.[38] Art. 15 Abs. 2 BayDSG normiert diese Informationspflicht für Bayern;[39] § 4 Abs. 3 BDSG normiert dies für die Bundesverwaltung und den privaten Bereich in vergleichbarer Weise.

---

[34] So aber *Bergmann/Möhrle/Herb*, BDSG, § 4 (Stand Februar 2002), § 4a Rn. 7b; *Gola/Schomerus*, BDSG, 2012, § 4a Rn. 22; wie hier wohl *Sokol*, in: Simitis (Hg.), BDSG, 2011, § 4 Rn. 60, *Moos*, Datenschutzrecht, 2006, S. 131.

[35] *Bäcker*, in: Wolff/Brink, Datenschutz, § 4 Rn. 5.

[36] Zutreffend *Menzel*, DuD 2008, 400, 407.

[37] *Bäcker*, in: Wolff/Brink, Datenschutz, § 4 Rn. 56.

[38] Vehement *Bull*, NJW 2006, 1617, 1623.

[39] S. dazu *Ehmann*, in: Wilde/Christian/Ehmann/Niese/Knoblauch, BayDSG, Art. 15 (Stand Juli 2005), Rn. 13.

Gemäß Art. 15 Abs. 2 BayDSG muss der Betroffene vor Abgabe der Einwilligung informiert werden über:

- den Zweck der Verarbeitung im weiteren Sinne;
- die potenziellen Empfänger bei eventuellen Übermittlungen;
- die Möglichkeit, die Einwilligung zu verweigern;
- die Rechtsfolgen im Falle einer Verweigerung.

d) Verhältnis von Kenntnis und Informationspflicht

Die aus dieser Informationspflicht folgende Information des Betroffenen kann je nach Situation ganz unterschiedlich umfangreich sein.[40] Die gesetzliche Beschreibung der Informationspflicht ist nicht abschließend. Es kann sein, dass aufgrund der Umstände des Einzelfalls im umfangreicheren Maße Kenntnisse beim Betroffenen erforderlich sind, als die Informationspflichten sicherstellen. Die Einwilligung ist daher nicht zwingend deshalb wirksam, weil der Informationspflicht genügt wurde. Vielmehr kann das Gebot der erforderlichen Kenntnis auch über das hinausgehen, was gesetzlich bei strenger Auslegung gefordert ist.[41] So heißt es:[42]

Das von Art. 2 Abs. 1 i. V. m. Art. 1 Abs. 1 GG gewährleistete allgemeine Persönlichkeitsrecht umfasst auch die aus dem Gedanken der Selbstbestimmung folgende Befugnis des Einzelnen, grundsätzlich selbst zu entscheiden, wann und innerhalb welcher Grenzen persönliche Lebenssachverhalte offenbart werden. Dies setzt voraus, dass dem Einzelnen eine Entscheidungsfreiheit über vorzunehmende oder zu unterlassende Handlungen einschließlich der Möglichkeit verbleibt, sich auch entsprechend dieser Entscheidung tatsächlich zu verhalten. Wer nicht mit hinreichender Sicherheit überschauen kann, welche ihn betreffenden Informationen in bestimmten Bereichen seiner sozialen Umwelt bekannt sind, und wer das Wissen möglicher Kommunikationspartner nicht einigermaßen abzuschätzen vermag, kann in seiner Freiheit wesentlich gehemmt werden, aus eigener Selbstbestimmung zu planen oder zu entscheiden.

---

40   *Däubler*, in: Däubler/Klebe/Wedde/Weichert, BDSG, 2010, § 4a Rn. 7 f.
41   Vgl. *Däubler*, in: Däubler/Klebe/Wedde/Weichert, BDSG, 2010, § 4a Rn. 8; *Bäcker*, in: Wolff/Brink, Datenschutz, § 4 Rn. 74; *Kühling*, in: Wolff/Brink, Datenschutz, § 4a Rn. 43.
42   BVerfG, Beschl. v. 14.12.2001, 2 BvR 152/01, NJW 2002, 2164 f.

7. Frage der Zweckbestimmung

Aus Art. 15 Abs. 2 BayDSG kann man mittelbar folgern, dass vor der Verarbeitung die Zweckbestimmung der Verarbeitung festgelegt sein muss. Die allgemeine Zweckbestimmung vor einer Verarbeitung ist ein Merkmal, das sich grundsätzlich aus dem Zweckbindungsgrundsatz des Datenschutzes herleitet. Der Zweckbindungsgrundsatz ist dasjenige Datenschutzprinzip, das den Datenschutz von anderen Rechtsgebieten deutlich trennt. Er gibt dem Datenschutz sein eigenes Gepräge. Die Heraushebung und Herausarbeitung dieses Prinzips war eine der besonderen Leistungen des Volkszählungsurteils des Bundesverfassungsgerichts.[43] Der Zweckbindungsgrundsatz besagt: Personenbezogene Daten dürfen nur für den Zweck verwendet werden, für den sie rechtmäßig erhoben wurden. Zweckentfremdungen sind daher bei entsprechender rechtlicher Rechtfertigung möglich, aber auch nur dann. Das Motiv des Zweckbindungsgrundsatzes besteht in einer Eingrenzung der Verwendung personenbezogener Daten. Wird gegen den Grundsatz der Zweckbindung verstoßen, ist die Datenverarbeitung rechtswidrig.[44] Der Zweckbindungsgrundsatz ist in allgemeiner Form nicht im BayDSG und auch nicht im BDSG normiert, wird aber an vielen Stellen vorausgesetzt. Europarechtlich findet er seine Grundlage zumindest in Art. 6 Abs. 1 lit. b) RL 95/46 EG. Ob der Zweckbindungsgrundsatz auch für Verarbeitungen gilt, die aufgrund von Einwilligungen vorgenommen werden, ist dogmatisch umstritten. Bei Art. 15 Abs. 2 BayDSG ergibt sich die vorherige Zweckbestimmung aber mittelbar aus dem Erfordernis der Aufklärung. Wenn die verarbeitende Stelle den Betroffenen auf den Zweck der Verarbeitung hinweisen muss, folgt daraus mittelbar, dass der Zweck vorher bereits bestimmt sein muss. Insofern geht das Bayerische Datenschutzrecht parallel mit dem europarechtlichen Datenschutzrecht, das ebenfalls auch für die Einwilligung eine vorausgehende Zweckfestlegung verlangt (vgl. Art. 8 Abs. 2 GRCh). Die Einwilligung muss sich daher auf einen bestimmten Verarbeitungszweck beziehen. Die Zweckbestimmung muss dabei umso bestimmter sein, je stärker die Belastungswirkung ist. Auch hier können wiederum erneut die genannten Kriterien (s. o. S. 39) herangezogen werden.

---

[43] BVerfG, Ut. v. 15.12.1983, 1 BvR 209/83, BVerfGE 65, 1, 46.

[44] *Wolff*, in: Wolff/Brink, Datenschutz, Teil A, Rn. 13.

8. Widerrufbarkeit

Grundsätzlich sind Einwilligungen widerrufbar, zumindest mit Wirkung für die Zukunft.[45] Die Widerrufsmöglichkeit ist dabei Ausfluss des Rechts auf informationelle Selbstbestimmung.[46] Der Widerruf muss grundsätzlich nicht den Formerfordernissen der Einwilligung genügen. Er kann formlos gegenüber der verantwortlichen Stelle erklärt werden.[47] Die Wirkung des Widerrufs tritt *ex nunc* ein;[48] zukünftige Datenverarbeitungen können nicht mehr auf die erteilte Einwilligung gestützt werden, gespeicherte Daten sind zu löschen.[49] Hat die verantwortliche Stelle bereits Übermittlungen vorgenommen, so muss sie grundsätzlich die Empfänger über den Widerruf unterrichten.[50] Welche Folgen der Widerruf hinsichtlich anderer bereits vorgenommener Datenverarbeitungen hat, ist umstritten und auch vom Einzelfall abhängig. Maßgeblich ist der Gedanke vom Grundsatz von Treu und Glauben.[51] Eine Wirkung für die Vergangenheit besitzt der Widerruf grundsätzlich nicht, sie kann aber gesetzlich – in Grenzen – angeordnet werden.

9. Rechtsfolgen einer unzureichenden Einwilligung

Das BayDSG normiert nicht ausdrücklich, welche Rechtsfolgen gelten, wenn Daten aufgrund einer Einwilligung verarbeitet werden, die nicht die Anforderungen an Freiwilligkeit, Informiertheit und Bestimmtheit erfüllt, die an sie aufgrund der konkreten Situation zu stellen sind.

Mängel der genannten Art führen regelmäßig dazu, dass die Einwilligung des Betroffenen in die Datenerhebung die Anforderungen an eine freie, informierte Einwilligung nicht erfüllt und daher unwirksam ist.[52] Werden Daten aufgrund einer Einwilligung erhoben, die mangels ordnungsgemäßer Information des Betroffenen unwirksam ist, und hätte der Betroffene seine Mitwirkung bei ordnungsgemäßer Information verweigert, so

---

45   *Kühling*, in: Wolff/Brink, Datenschutz, § 4a Rn. 57 ff.; *Taeger*, in: Taeger/Gabel, BDSG, 2010, § 4a Rn. 70.

46   *Kühling*, in: Wolff/Brink, Datenschutz, § 4a Rn. 57.

47   *Kühling*, in: Wolff/Brink, Datenschutz, § 4a Rn. 58.

48   *Kühling*, in: Wolff/Brink, Datenschutz, § 4a Rn. 59.

49   Kühling, in: Wolff/Brink, Datenschutz, § 4a Rn. 59.

50   *Kühling*, in: Wolff/Brink, Datenschutz, § 4a Rn. 59.

51   *Kühling*, in: Wolff/Brink, Datenschutz, § 4a Rn. 59.

52   *Bäcker*, in: Wolff/Brink, Datenschutz, § 4 Rn. 79 f.; *Däubler*, in: Däubler/Klebe/Wedde/Weichert, BDSG, 2010, § 4a Rn. 10; *Bergmann/Möhrle/Herb*, BDSG, § 4 (Stand Februar 2002), § 4a Rn. 98; *Kühling*, in: Wolff/Brink, Datenschutz, § 4a Rn. 67; *Sokol*, in: Simitis (Hg.), BDSG, 2011, § 4 Rn. 60; *Taeger*, in: Taeger/Gabel, BDSG, 2010, § 4 Rn. 74.

ist zudem der Tatbestand einer Ordnungswidrigkeit nach Art. 37 Abs. 1 Nr. 1 BayDSG verwirklicht.[53] Weitergehende Rechtsfolgen (Disziplinarrecht/Strafrecht/private Schadensersatzforderung) sind denkbar, sollen hier aber zwecks Entlastung der Untersuchung unerörtert bleiben.

---

[53] *Bäcker*, in: Wolff/Brink, Datenschutz, § 4 Rn. 79 f.

E. Die Eignung als Grundlage für eine DNA-Mitarbeiterdatei

I. Allgemein

Die Mitarbeiterdatei könnte nicht auf die Einwilligung i. S. v. Art. 15 Abs. 1 Nr. 2 BayDSG gestützt werden, wenn für Dateien dieser Art die Einwilligung nicht als Rechtfertigung ausreichen würde. Dies wäre der Fall, wenn der Betroffene selbst nicht freiverantwortlich über die durch die Verarbeitung entstehende Belastung entscheiden könnte, sondern vielmehr zwingend eine gesetzliche Grundlage erforderlich ist (s. o. S. 37). Für die Annahme, eine Einwilligung würde als datenschutzrechtliche Grundlage nicht ausreichen, lassen sich verschiedene Ansatzpunkte nennen, zum einen:

- die fehlende gedankliche und sittliche Reife des Betroffenen;[54]
- die Sensibilität der Datei und das mit dem Eingriff betroffene Rechtsgut;
- die konkrete Situation der Einwilligungsabgabe, das heißt, das Bestehen eines Abhängigkeitsverhältnisses;
- das Verhältnis zur gesetzlichen Grundlage.

II. Personen- und rechtsgutbezogene Gründe

1. Personenbezogene Gründe

Zieht man diese vier Kriterien für den vorliegenden Zusammenhang heran, lässt sich zunächst sagen, dass in der Person der Betroffenen keine Umstände erkennbar sind, die für einen generellen Ausschluss der Einwilligung sprechen. Polizeibeamte sind Menschen, an deren Eigenverantwortlichkeit nicht im Geringsten zu zweifeln ist. Der Beruf stellt so hohe Anforderungen an die Person, dass sie in der Lage ist, auch datenschutzrechtliche Einwilligungen vollständig zu überblicken. Auch bei den Betroffenen der anderen Berufsgruppen scheint nicht zwingend von einem personenbezogenen Ausschlussgrund auszugehen zu sein.

---

54 S. dazu nur *Däubler*, in: Däubler/Klebr/Wedde/Weichert, BDSG, 2010, § 4a Rn. 5.

2. Rechtsgutbezogenen Gründe

Es gibt Rechtsgüter, in deren Beeinträchtigung auch informationeller Art der Betroffene nicht einwilligen kann, insbesondere solche, die die Menschwürde oder die Selbstständigkeit der Person betreffen.[55] Auch das betroffene Rechtsgut schließt nicht von vornherein jede Einwilligungsfähigkeit aus. Zwar ist die Sensibilität von DNA-Identifizierungsmustern enorm hoch (s. o. S. 25) aufgrund des unglaublichen Identifizierungspotenzials, der Möglichkeit des Zugriffs auf den codierten Teil sowie der Unvermeidbarkeit des ständigen Hinterlassens von Spuren. Dennoch ist die Entscheidung zur Herstellung der DNA-Identifizierungsmuster und deren Speicherung nicht so sensibel wie etwa die „Verfügung" über die Menschenwürde. Würde die DNA aus ärztlichen Gründen verwendet werden oder im Einzelfall zur Zuordnung einer gefundenen Spur die Einwilligung eines Betroffenen eingeholt werden, würde man an der Zulässigkeit der Einwilligung keine Zweifel haben.[56] § 8 GenDG geht ebenso – wenn auch nur für Situationen außerhalb des Strafrechts – grundsätzlich von einer Einwilligungsmöglichkeit auch in Abgabe von Proben zwecks Erstellung des DNA-Identifikationscodes aus.[57] Fraglich ist, ob hier etwas anderes deshalb gilt, weil die Einwilligung nicht auf einen Einzelfall bezogen ist, sondern es um die Einstellung in eine Datei geht. Auf diese Weise wird das betroffene Rechtsgut, das Recht auf informationelle Selbstbestimmung, in deutlich stärkerem Maße beeinträchtigt. Solange aber die Einwilligung in die Einstellung der Datei jederzeit rückrufbar ist, erscheint die Grundrechtsbelastung ebenfalls nicht so erheblich, dass eine Einwilligungsfähigkeit von vornherein ausgeschlossen werden müsste.

III. Einwilligung neben einer potenziellen gesetzlichen Eingriffsgrundlage

Die Einwilligung könnte hier deshalb als Rechtsgrundlage ausscheiden, da – zumindest bezogen auf den Dienstherrn – zu den Beamten ein Über-Unterordnungs-Verhältnis vorliegt, das grundsätzlich dem Grundsatz des Vorbehalts des Gesetzes unterfällt. Der Staat hat die Möglichkeit, eine gesetzliche Grundlage für die Erstellung der Mitarbeiterdatei zu schaffen, und ist daher nicht auf die Einwilligung angewiesen.

---

[55]   *Bergmann/Möhrle/Herb*, BDSG, § 4 (Stand Februar 2002), § 4a Rn. 13.

[56]   *Pommer*, JA 2007, 621, 623; kritisch *Graalmann-Scheerer*, NStZ 2004, 297, 298 für den Reihentest.

[57]   S. dazu *Fenger*, in: Spickhoff (Hg.), Medizinrecht, 2011, § 8 GenDG, Rn. 1.

1. Frage des Unterlaufens der gesetzlichen Ermächtigung

Auch wenn die Einwilligung und die gesetzliche Grundlage in allen datenschutzrechtlichen Normen als gleichberechtigte Grundlagen nebeneinander stehen, wirken sie dennoch aufeinander ein,[58] wobei allerdings das Ausmaß dieses Einwirkens umstritten ist.

a) Keine Verheimlichung der bestehenden Zwangsmöglichkeiten

Weitgehend unbestritten ist zunächst, dass in den Fällen, in denen eine gesetzliche Eingriffsbefugnis besteht, diese sich auf die Zulässigkeit der Einwilligung zumindest insofern auswirkt, als nicht der Eindruck erweckt werden darf, mit Verweigerung der Einwilligung könne die Verarbeitung insgesamt verhindert werden.[59]

b) Gebot der sorgfältigen Prüfung der Freiwilligkeit

Weiter wirkt sich das Bestehen einer subsidiär bestehenden gesetzlichen Regelung insofern aus, als dann die Freiwilligkeit einer erteilten Einwilligung sorgsam zu prüfen ist. Der Betroffene kann leicht in die Lage geraten zu denken: „Es spielt ja sowieso keine Rolle, ob ich einwillige, die kommen ja sowieso an mein DNA-Identifizierungsmuster. Da ist es taktisch klüger, ‚freiwillig' einzuwilligen."

Da die Anforderungen der Freiwilligkeit den Aufbau der DNA-Datei nicht vollständig ausschließen, soll diese Folgerung des Verhältnisses vom Vorbehalt des Gesetzes und der Einwilligung erst einmal ausgeblendet und anschließend im Zusammenhang mit den Anforderungen an die Einwilligung geschlossen behandelt werden.

c) Keine Umgehung bestehender Eingriffsschranken

Schließlich darf die Verwaltung durch das Einholen einer Einwilligung nicht den Vorbehalt des Gesetzes umgehen.[60] Fraglich ist allerdings,

---

[58] *Sokol*, in: Simitis (Hg.), BDSG, 2011, § 4 Rn. 6; Tinnefeld/Buchner/Petri, Datenschutzrecht, 2012, S. 323; *Globig/Schober/Hartig/Klink/Eiermann*, LDSG, 2009, § 5, Anm. 2.1.; *Ehmann*, in: Wilde/Christian/Ehmann/Niese/Knoblauch, BayDSG, Art. 15 (Stand Juli 2005), Rn. 22; *Taeger*, in: Taeger/Gabel, BDSG, 2010, § 4 Rn. 47 ff.; zu eng *Kloepfer*, Informationsrecht, § 8 Rn. 82.

[59] *Weichert*, in: Däubler/Klebe/Wedde/Weichert, BDSG, 2010, § 4 Rn. 4; *Sokol*, in: Simitis (Hg.), BDSG, 2011, § 4 Rn. 6; *Ehmann*, in: Wilde/Christian/Ehmann/Niese/Knoblauch, BayDSG, Art. 15 (Stand Juli 2005), Rn. 22.

[60] *Tinnefeld/Buchner/Petri*, Datenschutzrecht, 2012, S. 323; *Bäcker*, in: Wolff/Brink, Datenschutz, § 4 Rn. 19; *Taeger*, in: Taeger/Gabel, BDSG, 2010, § 4 Rn. 49; *Menzel*, DuD 2008, 400, 408.

wann dies der Fall ist. Sicher ist dies dann der Fall, wenn bestehende Eingriffsbefugnisse Einschränkungen enthalten und die Verwaltung diese umgehen möchte, indem sie stattdessen auf die Einwilligung zugreift, ohne dass der Betroffene davon Vorteile hat,[61] wenn also der Fall der Einwilligung für die Verwaltung ein „Mehr" und kein „Aliud" bildet. Dies wäre etwa der Fall, wenn das Gesetz für die Durchführung einer Reihenuntersuchung (d. h. Massentest) zur Aufklärung einer Straftat einen Richtervorbehalt vorsieht, und dieser durch die Einholung einer Einwilligung umgangen werden soll.[62]

d) Fehlen einer gesetzlichen Grundlage

Umstritten ist der Fall, wenn die Verwaltung im Bereich der Über-Unterordnung tätig wird und für das konkrete Handeln keine gesetzliche Grundlage besteht.

<u>aa) Strenge Auslegung des Vorbehalts des Gesetzes</u>

Nach einer starken Ansicht in der Literatur ist die Einwilligung bei der Datenverarbeitung öffentlich-rechtlicher Stellen, insbesondere im Über-/Unterordnungs-Verhältnis, grundsätzlich ausgeschlossen.[63] Zur Begründung wird darauf verwiesen, dass die öffentlichen Stellen sich nicht durch Einholung einer Einwilligung über die Grenzen ihrer Aufgaben und Befugnisse hinwegsetzen dürfen. Liegt ein Handeln im Bereich des Vorbehalts des Gesetzes vor, d. h., liegt ein Handeln der Verwaltung vor, das ohne die Einwilligung eine Eingriff wäre, darf die fehlende gesetzliche Eingriffsgrundlage nicht durch eine Einwilligung substituiert werden.[64] Die Einwilligung im öffentlich-rechtlichen Bereich ist nach dieser Ansicht daher nur in sehr engen Grenzen möglich, so vor allem im Bereich der Leistungsverwaltung.[65] Im Eingriffsbereich ist sie möglich, sofern sie von einer gesetzlichen Grundlage als zusätzliche Voraussetzung für die Zulässigkeit verlangt wird. Ob sie ergänzend zu einer be-

---

[61] *Menzel*, DuD 2008, 400, 406.

[62] *Graalmann-Scheerer*, NStZ 2004, 297, 298.

[63] *Menzel*, DuD 2008, 400, 401 ff.; in diese Richtung auch *Tinnefeld/Buchner/Petri*, Datenschutzrecht, 2012, S. 323 f.; *Bäcker*, in: Wolff/Brink, Datenschutz, § 4 Rn. 19 ff.; wohl auch *Taeger*, in: Taeger/Gabel, BDSG, 2010, § 4 Rn. 49 f.

[64] Vgl. *Bäcker*, in: Wolff/Brink, Datenschutz, § 4 Rn. 19; *Menzel*, DuD 2008, 400, 401 f.

[65] *Menzel*, DuD 2008, 400, 402.

stehenden Eingriffsgrundlage zulässig ist, ist unter Vertretern dieser Ansicht wiederum umstritten.[66]

Die Auffassung der generellen Unzulässigkeit der Einwilligung im öffentlichen Bereich bei bestehendem Über- und Unterordnungsverhältnis wird allerdings nicht uneingeschränkt geteilt. So gibt es gute Gründe, die dafür sprechen, auch beim Handeln öffentlicher Stellen im Bereich der Über-Unterordnungs-Verhältnisse die Einwilligung nicht in genereller Form auszuschließen.

bb) Eingriffsbezogene Auslegung des Vorbehalts des Gesetzes

Die Gegenansicht verweist zunächst zu Recht darauf, dass Einwilligung und Rechtsvorschrift auch für den öffentlichen Bereich allgemein als Erlaubnistatbestände formal auf einer Ebene stehen, sowohl bei § 3 BDSG als auch bei Art. 15 BayDSG.[67] Allerdings darf auch nach dieser Ansicht durch die Einwilligung nicht die Gesetzesbindung der Verwaltung unterlaufen werden. Ein Unterlaufen liegt aber nicht bereits dann vor, wenn man die Einwilligung in den Fällen zulässt, in denen eine gesetzliche Grundlage fehlt.[68] Diese Wertung beruht auf einem Verständnis des Vorbehalts des Gesetzes, nachdem nicht jedes Handeln der Verwaltung einer gesetzlichen Grundlage bedarf, sondern nur solches, das Eingriffe in Freiheit und Eigentum bewirkt. Handeln der Verwaltung, das auf einem Einverständnis des Grundrechtträgers beruht, erfüllt daher nicht die Voraussetzung des Vorbehalts des Gesetzes. Der Vorbehalt des Gesetzes entstand im 19. Jahrhundert und sollte das Beteiligungsrecht der vom Volk gewählten Kammern ermöglichen.[69] Er sollte das Mitspracherecht des wirtschaftlich starken Großbürgertums in den Fällen treffen, in denen der damalige Monarch das Bürgertum mit Steuern oder sonstigen staatlichen Pflichten belasten wollte. In den Fällen, in denen die Verwaltung sich vorher konkret mit den Betroffenen einigte und von diesen eine Einwilligung einholte, griff der Schutzgedanke des Vorbehalts des Gesetzes nicht. Es liegt daher angesichts der Entstehungsgeschichte nicht nahe, anzunehmen, der Vorbehalt des Gesetzes greife auch dann ein, wenn der Betroffene in die Grundrechtsbelastung einwilligt und zugleich die Reichweite der Belastung überblicken kann.

---

[66] Für Zulässigkeit *Bäcker*, in: Wolff/Brink, Datenschutz, § 4 Rn. 20 m. w. N.; a. A. *Menzel*, DuD 2008, 400, 401 ff.

[67] *Kühling*, in: Wolff/Brink, Datenschutz, § 4a Rn. 6; sehr deutlich *Kloepfer*, Informationsrecht, § 8 Rn. 82.

[68] So aber ausdrücklich *Menzel*, DuD 2008, 400, 401.

[69] *Wolff*, Verfassungsrecht, 2000, 413 ff.; *Jesch*, Gesetz, 1968, S. 108 f.

Dieses Verständnis hat sich im Laufe der Zeit in dem hier interessieren-den Aspekt nicht verändert. Der Vorbehalt des Gesetzes soll den Um-stand ausgleichen, dass der Staat den Betroffenen gegen seinen Willen rechtlich verpflichten und belasten und diese Last notfalls mit Gewalt durchsetzen kann. Seit 1919 ist hinzugekommen, dass mittels des Ge-setzes das Parlament die Verwaltung maßgeblich steuern soll. In den Fällen, in denen der Betroffene freiverantwortlich mit der Belastung einverstanden ist, ist der Grund für die parlamentarische Beteiligung in Form der Schaffung einer gesetzlichen Grundlage nicht in vergleichbarer Weise gegeben. Ein Unterlaufen des Gedankens des Vorbehalts des Gesetzes liegt daher nicht schon dann vor, wenn die Verwaltung sich um eine Einwilligung in einem Bereich bemüht, in dem keine gesetzliche Grundlage vorliegt, sondern erst dann, wenn der Betroffene die Reich-weite seiner Erklärung nicht überblickt, die Einwilligung grundrechtlich beschränkt ist oder die Steuerungswirkung des Gesetzgebers durch dieses Handeln unterlaufen wird.

Letzteres wäre etwa der Fall, wenn der Gesetzgeber ein Handeln der Verwaltung in dieser Form gerade nicht wollte.

Ebenfalls unzulässig wäre die Einholung der Einwilligung dann, wenn die Verwaltung dem Betroffenen gar nicht den Gestaltungsspielraum ein-räumen kann, den sie ihm scheinbar durch die Anfrage einräumt, etwa dann, wenn die verantwortliche Stelle rechtlich und tatsächlich gar nicht in der Position ist, die eventuelle Verweigerung der Einwilligung des Betroffenen zu akzeptieren.[70]

Auch darf durch den Rückgriff auf die Einwilligung der Aufgabenbereich der jeweiligen öffentlichen verantwortlichen Stellen nicht verlassen wer-den. Sind personenbezogene Daten nicht für die Aufgabenwahrnehmung der verantwortlichen Stelle erforderlich, so ist sie grundsätzlich daran gehindert, diese Daten dennoch zu erheben, zu verarbeiten und zu nutzen, indem sie die Einwilligung des Betroffenen einholt.[71]

Ein Rückgriff auf das Instrument der Einwilligung ist bei der Erhebung von Daten daher dann denkbar, wenn der Gesetzgeber der Behörde keine gesetzlichen Zulässigkeitsnormen eingeräumt hat, die Wahrneh-mung der gesetzlichen Aufgaben jedoch den Umgang mit personenbe-zogenen Daten erleichtert und von dieser Erleichterung auch der Betrof-

---

[70] *Kühling*, in: Wolff/Brink, Datenschutz, § 4a Rn. 5; *Weichert*, in: Däubler/Kle-be/Wedde/Weichert, BDSG, 2010, § 4 Rn. 4; *Sokol*, in: Simitis (Hg.), BDSG, 2011, § 4 Rn. 7; *Globig/Schober/Hartig/Klink/Eiermann*, LDSG, 2009, § 5, Anm. 2.1.

[71] *Kühling*, in: Wolff/Brink, Datenschutz, § 4a Rn. 6; *Simits*, in: ders. (Hg.), BDSG, 2011, § 4a Rn. 15.

fene und nicht nur die Verwaltung profitiert. Insofern ist der Einsatz der Einwilligung als Rechtfertigungsinstrument vor allem dann zulässig, wenn der Umgang mit den Daten des Betroffenen Entscheidungsprozesse in dessen Interesse beschleunigen und erleichtern soll.[72]

2. Die Anwendung dieses Maßstabs auf die bestehenden Mitarbeiterdateien

Die Frage des Ausschlusses einer DNA-Datei wegen der Fernwirkungen des Grundsatzes des Vorbehalts des Gesetzes ist im vorliegenden Fall deshalb so relevant, weil es wie dargestellt gesetzliche Regeln zur Erstellung und Verwendung von DNA-Identifizierungsmustern gibt (s. o. S. 25 f.).

a) Keine Täuschung über bestehende Ermächtigung

Gemäß § 81e Abs. 1 S. 2 i. V. m. § 81c Abs. 2 S. 1 Va. 2 StPO kann von Dritten auch ohne deren Einwilligung eine Blutprobe genommen und aufgrund dieser ein DNA-Test durchgeführt werden, wenn diese Maßnahme zur Erforschung der Wahrheit unerlässlich ist. Gemäß § 81c Abs. 4 StPO ist die Zumutbarkeit zu beachten. Wird ein nicht zugeordneter DNA-Identifikationscode am Tatort gefunden, der vom Täter stammen könnte, aber auch von den Polizeibeamten, die als Erste eintrafen, dürfte deren zwangsweise Heranziehung aufgrund der §§ 81e, 81c StPO grundsätzlich möglich sein.

Der oben geschilderte Sachverhalt legt nicht die Vermutung nahe, die Erstellung der Mitarbeiterdatei und die Einholung der Einwilligung verfolgten den Zweck, die Betroffenen über die Existenz der gesetzlich gegebenen Blutprobeentnahme und Erstellung eines DNA-Identifikationsmusters zu täuschen. Vielmehr lebt die Datei offensichtlich von ihrer Funktion, zu bestehenden gesetzlichen Regelungen eine zusätzliche Alternative zu schaffen. Mit dieser Begründung dürfte den Betroffenen gerade die Notwendigkeit der Einwilligung erklärt werden. Gerade weil die gesetzlichen Voraussetzungen nicht immer vorliegen und das Verfahren einzelfallbezogen ist, kommt insbesondere durch die „voraussetzungslose" Freigabe des DNA-Identifizierungsmusters die Verfahrenserleichterung der Mitarbeiterdatei zustande.

---

[72] *Kühling*, in: Wolff/Brink, Datenschutz, § 4a Rn. 6; *Simits*, in: ders. (Hg.), BDSG, 2011, § 4a Rn. 17.

b) Umgehung einer möglichen gesetzlichen Grundlage

<u>aa) Einwilligung nur bei möglicher gesetzlicher Basis</u>

Eine Umgehung könnte deshalb vorliegen, weil die DNA-Datei von der Landesverwaltung aufgebaut wird, der Landesgesetzgeber aber eine Mitarbeiterdatei auf gesetzlicher Grundlage eventuell gar nicht schaffen könnte und der Bundesgesetzgeber sie nicht schaffen möchte.

Im öffentlichen Bereich bei bestehendem Über-Unterordnungs-Verhältnis kann die Einwilligung Datenverarbeitungsvorgänge wohl nur dann rechtfertigen, wenn die konkrete Datenverarbeitung auch vom Gesetzgeber geregelt werden könnte. Verarbeitungsformen, die – aus welchen Gründen auch immer – dem Gesetzgeber nicht zugänglich sind, könnten nicht durch eine Einwilligung gerechtfertigt werden oder allenfalls in exzeptionellen Sonderkonstellationen. Es mag sein, dass aufgrund der Belastungswirkung der Datenverarbeitung der Gesetzgeber die Verhältnismäßigkeit des Eingriffs nur dadurch herstellen kann, dass er zusätzlich zur gesetzlichen Grundlage noch die Einwilligung des Betroffenen vorsehen muss. Zwecke, die er aber nicht einmal auf diese Weise erreichen kann, darf er grundsätzlich auch nicht im Wege der Einwilligung verfolgen. Von diesem Grundsatz gibt es Ausnahmen, und zwar dann, wenn die Art und Weise, auf die der Gemeinwohlzweck erreicht wird, aus bestimmten Gründen dem Zugriff des Gesetzgebers entzogen wird. So ist etwa im Strafverfahren die aktive Mitwirkung des Beschuldigten verfassungsrechtlich nicht zulässig. Dennoch sieht man es in der Rechtsprechung und Literatur grundsätzlich für zulässig an, wenn der Betroffene die Möglichkeit erhält, durch aktive Mitwirkung Ermittlungsmaßnahmen, die auch gegen seinen Willen durchgesetzt werden könnten, gegenstandslos werden zu lassen. So ist etwa im Straßenverkehr eine Atemalkoholprüfung grundsätzlich zulässig, auch wenn der Betroffene zu dieser nicht gezwungen werden kann oder der Gesetzgeber diesen Zwang auch nicht vorsehen dürfte. Der Grund für die Zulässigkeit liegt hier aber darin, dass auf diese Weise dem Betroffenen die Möglichkeit gegeben wird, eine Duldungspflicht (Blutentnahme) abzuwenden, die genau auf den gleichen Zweck gerichtet ist. Wäre es im vorliegenden Fall dem Gesetzgeber aber unmöglich, eine Mitarbeiterdatei durch gesetzliche Grundlage zu regeln, so kann diese Datei auch nicht durch eine Einwilligung begründet werden.

Es bleibt daher zu klären, ob der bayerische Gesetzgeber eine gesetzliche Grundlage für die Mitarbeiterdatei schaffen dürfte.

bb) Gesetzgebungskompetenz für die Regelung einer Mitarbeiterdatei

Zunächst müsste der Gesetzgeber die Gesetzgebungskompetenz für eine gesetzliche Regelung der Mitarbeiterdatei besitzen. Die Einwilligung kann schwerlich die Aufgabe haben, einen eventuell bestehen Kompetenzkonflikt der Gesetzgeber auf Bundes- und Landesebene dadurch aufzulösen, dass die Landesverwaltung über die weiterreichenden Verwaltungskompetenzen sich die Ermächtigung gewissermaßen selbst schafft.

aaa) Frage der Sperrwirkung der §§ 81e ff. StPO

Zu klären ist daher, ob der Landesgesetzgeber überhaupt eine gesetzliche Grundlage für die DNA-Datei schaffen könnte. Dies könnte fraglich sein, da der Bundesgesetzgeber mittels der §§ 81e ff. StPO über Art. 72 GG den Landesgesetzgeber kompetenziell sperren könnte. Das wäre der Fall, wenn §§ 81e ff. StPO auch für den Fall der Mitarbeiterdatei eine abschließende Regelung darstellen würde. Denkbar wäre ein solcher Schluss. Nahe liegend ist er allerdings nicht. Der Sachverhalt einer eigenen Datei speziell nur für die Personen, die aufgrund ihres Beschäftigungsverhältnisses häufig an Tatorten ankommen, ist so unterschiedlich zu den Fragen, die von §§ 81e ff. StPO beantwortet werden, dass man kaum unterstellen kann, der Bundesgesetzgeber habe diese Frage (in Form einer Nichtregelung) mitentschieden. Außerdem liegt – bezogen auf die Beamten – das Schwergewicht der Probleme auf dem Verhältnis von Dienstherrn und Beamtin bzw. Beamtem, sodass auch insoweit der Gedanke der abschließenden Regelung nicht naheliegt.

bbb) Frage der Gesetzgebungskompetenz

Ist der Landesgesetzgeber durch die Bundesregelung nicht gesperrt, bleibt die Frage, ob er die Gesetzgebungskompetenz für eine solche Regelung besäße.

Gegenüber den Beamten hätte er sie gem. Art. 70 Abs. 1 i. V. m. Art. 74 Abs. 1 Nr. 17 GG.

Bezogen auf die Mitarbeiter von technischen Firmen, die in die Analyse eingebunden werden, besteht zwar kein Beamtenverhältnis, allerdings betrifft es die Auslagerung von Ermittlungsschritten, die eng in ein Verwaltungsverfahren eingebunden sind, sodass die Vorgaben für diese Auslagerung im Rahmen der Regelungskompetenz des Verwaltungsverfahrens mit erfasst sein dürften, zumindest als Annex.

ccc) Materielle Verfassungsmäßigkeit

Ob eine gesetzliche Regelung der Mitarbeiterdatei materiell verfassungsgemäß wäre, hängt von ihrer Ausgestaltung ab. Es sind Ausgestaltungen denkbar, bei denen der durch die Erstellung der Mitarbeiterdatei bewirkte Eingriff in das Grundrecht auf informationelle Selbstbestimmung schwerer wiegt als die Gemeinwohlgründe, die für die Erstellung der Datei sprechen. Maßgeblich wäre daher, inwieweit der Gesetzgeber die maßgeblichen Zwecke formuliert, die Verwendung auf diese Zwecke festlegt, Zweckentfremdungen ausschließt, den Zugriff auf die Datei hinreichend konkret regelt, strenge verfahrensrechtliche Absicherungen vorsieht, einen hohen technischen Schutzstandard vorschreibt und den Betroffenen angemessene Verfahrensrechte garantiert. Eine gesetzliche Regelung, die nicht besteht, kann schwer abschließend auf ihre Verfassungsmäßigkeit hin überprüft werden. Es lässt sich aber auch bei abstrakter Formulierung festhalten, dass es nicht völlig ausgeschlossen ist, eine gesetzliche Regelung für eine DNA-Mitarbeiterdatei von Polizeibeamtinnen und -beamten vorzusehen.

c) Umgehung der einschränkenden Eingriffsvoraussetzungen

Schwieriger ist die Frage, ob durch eine DNA-Datei auf Grundlage einer Einwilligung § 81e Abs. 1 S. 3 StPO i. V. m. § 81c StPO umgangen werden kann oder nicht. Blickt man auf die Unterschiede zwischen der gesetzlichen Regelung und der DNA-Datei ergibt sich Folgendes:

- § 81e Abs. 1 S. 3 StPO i. V. m. § 81c StPO bezieht sich nur auf ein konkretes Ermittlungsverfahren, die Mitarbeiterdatei auf eine Vielzahl;
- § 81e Abs. 1 S. 3 StPO i. V. m. § 81c StPO erlaubt keine Aufnahme des DNA-Identifizierungsmusters in eine Datei, die Mitarbeiterdatei bezweckt genau dies;
- § 81e Abs. 1 S. 3 StPO i. V. m. § 81c StPO bezieht sich nur auf einen konkreten Ansatzpunkt für den Abgleich, bei der Mitarbeiterdatei ist es generell das bestehende Beschäftigungsverhältnis;
- § 81e Abs. 1 S. 3 StPO i. V. m. § 81c StPO ist nur bei Einhaltung der Verhältnismäßigkeit möglich, die Aufnahme in die Mitarbeiterdatei setzt eine freie Entscheidung des Betroffenen voraus.

Vergleicht man die beiden Normen, wird man nicht sagen können, die Mitarbeiterdatei sei gewissermaßen eine reines „Mehr" für die Verwaltung im Vergleich zu § 81e Abs. 1 S. 3 StPO i. V. m. § 81c StPO. Auch wird kein konkretes Tatbestandsmerkmal, das als Voraussetzung für den gesetzlichen Eingriff gilt, umgangen. Daher dürfte kein klarer Fall einer Umgehung vorliegen.

Andererseits ist die Mitarbeiterdatei von der Konstellation, die in §§ 81e StPO geregelt wird, nicht wirklich weit entfernt. Es geht um den Abgleich nicht zugeordneter DNA-Identifikationsmuster mit den DNA-Identifikationsmustern von Nichtbeschuldigten. Wann dies zulässig ist, ist in der

StPO geregelt und danach bei konkreten Anhaltspunkten, bei konkreter Zumutbarkeit und bei fehlender Einwilligung nur mit Zustimmung des Richters und bei Einwilligung auch ohne den Richter zulässig (§ 81f Abs. 1 StPO – bezogen auf die DNA-Analyse – zur Blutentnahme selbst s. § 81c Abs. 5 StPO).

d) Unzulässige Ergänzung der einschränkenden Eingriffsvoraussetzungen

Geht man davon aus, die Mitarbeiterdatei sei ein „Aliud" im Vergleich zu § 81e Abs. 1 S. 3 StPO i. V. m. § 81c StPO, so kommt es darauf an, welche Rechtansicht man vertritt.

aa) Folgen der strengen Ansicht

Legt man die oben dargelegte strenge Ansicht zugrunde (s. o. S. 52), wäre eine DNA-Datei, die ihre Rechtfertigung ausschließlich in der Einwilligung des Betroffenen findet, rechtlich unzulässig. Die Einwilligung bei einer Mitarbeiterdatei soll eine Datei neben die in § 81e ff. StPO vorgesehenen Formen stellen und daher eine DNA-Analyse erlauben, die der Gesetzgeber gerade nicht vorgesehen hat.

bb) Folgen der Gegenansicht

Zieht man dagegen die großzügigere Ansicht heran (s. o. S. 53), wäre die Zulässigkeit einer auf die Einwilligung gestützten Mitarbeiterdatei davon abhängig, ob diese im Vergleich zur gesetzlichen Regelung sowohl dem Dienstherrn als auch den Betroffenen Vorteile bringt.

aaa) *Vorteile des Dienstherrn*

Ob die Mitarbeiterdatei bei dieser Prämisse im Endeffekt zulässig ist, lässt sich aufgrund des oben geschilderten Sachverhalts nicht ganz abschließend beurteilen.

aaaa) *Schnellerer Ausschluss von Trugspuren*

Die Mitarbeiterdatei bietet zunächst für den Dienstherrn gewisse Vorteile, indem sie ihm ermöglicht, Trugspuren schneller auszuscheiden, als dies allein im Verfahren gemäß §§ 81e, 81c StPO möglich wäre.

Wie groß dieser Vorteil in der Praxis zu bewerten ist, kann dem oben mitgeteilten Sachverhalt nicht entnommen werden. Von außen betrachtet kann man sich sowohl einerseits vorstellen, dass die Erleichterung für die kriminaltechnische Arbeit mittels der Mitarbeiterdatei sehr groß ist, als auch dass sie faktisch verschwindend gering ist. Immerhin sehen zumindest drei Bundesländer den Vorteil als so groß an, dass sie den nicht unerheblichen Aufwand der Errichtung der Datei auf sich nehmen. Dennoch ist unklar, ob der Dienstherr die Notwendigkeit der Mitarbeiterdatei überhaupt jemals geprüft hat. Offen ist auch, ob der Dienstherr über Zahlenmaterial verfügt, das eine solche Überprüfung gestatten würde. Es sei erlaubt zu unterstellen, dass die Mitarbeiterdatei die kriminaltechnische Arbeit erheblich erleichtert. Sollte sich dies nicht belegen lassen, würde allerdings die Mitarbeiterdatei kaum zu rechtfertigen sein.

bbbb) Die zentrale Aufbewahrung der DNA-Identifikationscodes

Zweifel am Vorliegen des erforderlichen Vorteils für den Dienstherrn, um eine zusätzliche Datenverarbeitung über die gesetzlichen Datenverarbeitungsformen hinaus zu rechtfertigen, sind im vorliegenden Zusammenhang über das Fehlen von konkreten Zahlen hinaus auch deshalb angebracht, weil sich durchaus Verarbeitungsformen denken lassen, die den Zweck der Mitarbeiterdatei, die Aussonderung von Trugspuren, in vergleichbarer Weise auf mildere Weise erreichen lassen. So ist von außen nicht abschließend zu beurteilen, weshalb nicht eine Ausgestaltung, bei der die jeweiligen Betroffenen ihr eigenes DNA-Identifikationsmuster zur Verfügung gestellt bekommen und dieses jeweils im Bedarfsfall melden, in gleicher Weise den Zweck erreichen soll. Wenn es bei Tatortermittlungen zu nicht zugeordneten Spuren kommt und die Aufklärung dieser Spuren notwendig erscheint, können all die Personen, die am Tatort waren, angehalten werden, ihr Identifikationsmuster bei einer relevanten technischen Stelle zu melden, damit geprüft werden kann, ob die Spur von ihnen stammt. Wer an einem Tatort erschienen ist und wer nicht, wird in aller Regel protokolliert. Darüber hinaus ließen sich auch Informationsformen denken, die innerhalb der Dienststelle auch die Personen erreichen, die am Tatort waren, ohne dass dies protokolliert war. Eine wesentliche zeitliche Verzögerung einer dezentralen DNA-Identifikationsmuster-Meldung durch die Beamtinnen und Beamten im Vergleich zur Abgleichung der Mitarbeiterdatei dürfte kaum eintreten. Bis bei der Mitarbeiterdatei der Betroffene gefunden und der Sachverhalt aufgeklärt ist, vergeht auch einige Zeit. Diejenigen, die auf dem Tatort tätig werden, können gleich am Tatort selbst erklären, ob sie über ihr DNA-Identifikationsmuster selbst verfügen und dieses gegebenenfalls für eine Überprüfung bereitstellen würden.

Ob ein Modell, bei der jede Beamtin und jeder Beamte, der es möchte, ein DNA-Identifikationsmuster erstellt bekommt und dieses gewissermaßen in der Schublade hat und bei Bedarf meldet, wirklich kriminaltechnische verfahrensmäßige Nachteile aufwirft im Vergleich zur Mitarbeiterdatei, kann von Seiten der Rechtswissenschaft nicht abschließend bewertet werden. Es ist nicht undenkbar, dass die Mitarbeiterdatei deutliche Vorteile für die Effizienz bewirkt, sicher ist es aber nicht. Gewiss dürfte allerdings sein, dass der Dienstherr belegen muss, dass die Mitarbeiterdatei im Vergleich zu der anderen Lösung, bei der der Betroffene die Herrschaft über die Datenverarbeitung in der Hand behält, Vorteile besitzt

bbb) Vorteile für die Betroffenen

Die Mitarbeiterdatei erleichtert nicht nur die Erfüllung der Verwaltungs-aufgaben, sondern entlastet auch die Betroffenen. Die Erleichterung hält sich aber in Grenzen. Sie müssen nicht wie bei § 81c StPO eine Blutpro-be nach richterlicher Aufforderungen in jedem Einzelfall, in dem die Voraussetzungen vorliegen, abgeben, vielmehr genügt eine einmalige Übermittlung einfacher Körperspuren.

cc) Zwischenergebnis

Versteht man den Vorbehalt des Gesetzes – wie hier präferiert (s. o. S. 53) – nicht als Ausschluss jeglicher Legitimationsmöglichkeiten in Form der Einwilligung, ist ein Aufbau einer Mitarbeiterdatei auf der Basis der Einwilligung möglich, sofern sich ein angemessener Vorteil des Dienstherrn tatsächlich belegen lässt – was im Folgenden unterstellt wird.

IV. Einwilligungsgrenzen bei bestehendem Beschäftigungsverhältnis

Die Freiwilligkeit könnte im vorliegenden Zusammenhang deswegen ausgeschlossen sein, weil der Dienstherr des Beamten um die Einwilli-gung bittet. Das Beschäftigungsverhältnis ist mit wechselseitigen Rech-ten und Pflichten versehen, die auch Abhängigkeiten schaffen. Zudem gilt im Beamtenverhältnis ein strenger Gesetzesvorbehalt. Der Dienst-herr ist derjenige, der dem Beamten seine Besoldung zahlt, ist derjenige, auf den der Beamte angewiesen ist.

1. Beschäftigungsverhältnis

a) Die Ansicht des Ausschlusses der Einwilligung im Arbeitsverhältnis

Im Beschäftigungsverhältnis der Angestellten gibt es eine starke Mei-nung, die davon ausgeht, dass grundsätzlich im Beschäftigungsverhält-nis nicht von einer Freiwilligkeit datenschutzrechtlicher Erklärungen auszugehen ist. Diese Ansicht kann man mit guten Gründen für das Beamtenrechtsverhältnis übernehmen.

Die untergeordnete und abhängige Stellung des Arbeitnehmers wirft zumindest Zweifel auf, ob die Einwilligung allein als Schutzmechanismus ausreicht. Es gibt daher in der Literatur gewichtige Stimmen, die die

Freiwilligkeit im Beschäftigungsverhältnis grundsätzlich ausschließen möchten.[73] Dieser Wertung schließen sich zentrale Institutionen an. So geht die von der DSRL 95/46/EG als sachverständige Institution gegründete Artikel-29-Datenschutzgruppe (vgl. Art. 29 Datenschutzrichtlinie 95/46/EG) davon aus, der Einwilligung komme im Beschäftigungsverhältnis grundsätzlich keine legitimierende Wirkung zu.[74] Der nicht Gesetz gewordene Regierungsentwurf für ein Beschäftigtendatenschutzgesetz aus der letzten Legislaturperiode[75] stand wertungsmäßig auf gleicher Stufe. Gemäß § 32l Abs. 1 RegE soll die Einwilligung als selbstständiger Erlaubnistatbestand im Beschäftigungsverhältnis weitgehend beseitigt werden. Selbstständige Bedeutung hätte sie nur noch nach § 32b Abs. 3 BDSG-E, in allen übrigen Fällen wäre die Einwilligung ein zusätzliches Erfordernis neben den gesetzlichen Voraussetzungen.[76] Gleiches gilt für den Entwurf einer Grundverordnung von der Kommission vom Januar 2012. Bekanntlich hat die Kommission einen Entwurf für eine Verordnung vorgelegt, mit der die DSRL 95/46/EG abgelöst werden soll.[77] Nach Art. 7 Abs. 4 DGVO-E soll die Einwilligung als Erlaubnistatbestand nicht in Betracht kommen, „wenn zwischen der Position der betroffenen Person und des für die Verarbeitung Verantwortlichen ein erhebliches Ungleichgewicht besteht". Nach Begründungserwägung 34 des Verordnungsvorschlags zielt das insbesondere darauf ab, die Einwilligung im Arbeitsverhältnis als datenschutzrechtlichen Erlaubnistatbestand abzuschaffen.[78]

b) Die Übertragung auf das Beamtenrechtsverhältnis

Diese Meinung lässt sich auf das Beamtenverhältnis übertragen. Der Bundesgesetzgeber selbst setzt bei der bisherigen Regelung des Beschäftigtendatenschutzes beide Beschäftigungsverhältnisse gleich, da er

---

73   *Brink/Schmidt*, MMR 2010, 592 (593); *Trittin/Fischer*, NZA 2009, 343, 344; bei Verarbeitungen von erheblicher Schwere – Hamburger Datenschutzbeauftragter, 18 Tätigkeitsbericht für 2000–2001, 2002, S. 197; für den Fall der (versuchten) Erweiterung der Kotrollmöglichkeiten *Bergmann/Möhrle/Herb*, BDSG, § 4 (Stand Februar 2002), § 4a Rn. 5; von einem weitgehenden Ausschluss der Freiwilligkeit geht aus *Schild*, GewArch 2011, 28, 29.

74   Opinion 8/2001 on the processing of personal data in the employment context, 5062/01/EN/Final, v. 13.09.2001, S. 3, vgl. http://ec.europa.eu/justice/policies/ privacy/docs/wpdocs/2001/wp48en.pdf.

75   Entwurf eines Gesetzes zur Regelung für ein Beschäftigtendatenschutzgesetz BT-Drs. 17/4230, v. 17.12.2010.

76   S. dazu *Riesenhuber*, in: Wolff/Brink, Datenschutzrecht, § 32 BDSG, Rn. 36.2.

77   KOM (2012) 11 v. 25.01.2012.

78   S. dazu *Riesenhuber*, in: Wolff/Brink, Datenschutzrecht, § 32 BDSG, Rn. 36.2.

die Regelung des § 32 BDSG auch für das Beamtenverhältnis gemäß § 3 Abs. 11 Nr. 8 BDSG für anwendbar erklärt. Ob die Wertung des § 32 BDSG i. V. m. § 3 Abs. 11 Nr. 8 BDSG auch für die bayerischen Landesbeamten gilt, dürfte allerdings mehr als fraglich sein. Dem Bundesgesetzgeber dürfte die Gesetzgebungskompetenz für Überwachungsregelungen i. S. v. § 32 BDSG für die Landesbeamten fehlen. Eine solche Regelung könnte sich kaum auf Art. 74 Abs. 1 Nr. 27 GG stützen lassen. Nach dieser Norm besitzt der Bund die Gesetzgebungskompetenz für die Regelung der Statusrechte. Was unter Statusrecht zu verstehen ist, ist auch sechs Jahre nach der Föderalismusreform nicht abschließend geklärt. Im Gesetzgebungsverfahren zur Änderung des Grundgesetzes wurde der Begriff der Statusrechte einmal in einer Ausschusssitzung durch eine Aufzählung konkretisiert. Um den Willen des verfassungsändernden Gesetzgebers wiederzugeben, greift man auf diese Aufzählung zurück.[79] Dort heißt es:[80] „Statusrechte und -pflichten sind:

- Wesen, Voraussetzungen, Rechtsform der Begründung, Arten, Dauer sowie Nichtigkeits- und Rücknahmegründe des Dienstverhältnisses,
- Abordnungen und Versetzungen der Beamten zwischen den Ländern und zwischen Bund und Ländern oder entsprechende Veränderungen des Richterdienstverhältnisses,
- Voraussetzungen und Formen der Beendigung des Dienstverhältnisses (vor allem Tod, Entlassung, Verlust der Beamten- und Richterrechte, Entfernung aus dem Dienst nach dem Disziplinarrecht),
- statusprägende Pflichten und Folgen der Nichterfüllung,
- wesentliche Rechte,
- Bestimmung der Dienstherrenfähigkeit,
- Spannungs- und Verteidigungsfall und
- Verwendungen im Ausland.“

Diese Aufzählung wird durch systematische Überlegungen ergänzt. So ist nach zutreffendem Verständnis der Begriff „Statusrecht" in Art. 74 Abs. 1 Nr. 27 GG zunächst eng zu verstehen,[81] um so den Zielen der

---

[79] Der bekannte Beispielskatalog geht auf die Koalitionsvereinbarung zwischen CDU/CSU und SPD vom 18.11.2005 (Anlage 2, Rn. 33) zurück und war Grundlage des Gesetzesentwurfs zur Grundgesetzänderung, vgl. Bundestag/Bundesrat (Hrsg.), Dokumentation der Kommission von Bundestag und Bundesrat zur Modernisierung der bundesstaatlichen Ordnung (zur Sache 1/2005), 2005, S. 216 f.; s. dazu auch *Höfling/Engels*, NVwZ 2008, 1168, 1170; *Battis/Grigoleit*, ZBR 2008, 1, 3 f.; *Lecheler*, ZBR 2007, 18, 21.

[80] BT-Drs. 16/813, S. 14.

[81] *Knopp*, NVwZ 2006, 1216, 1220; *H.A. Wolff*, DÖV 2007, 504 ff.; a. A. z. B. *Bochmann*, ZBR 2007, 1, 5.

Föderalismusreform (Stärkung des Landesgesetzgebers) zu entsprechen. Weiter spricht der Normtext für eine einschränkende Auslegung. Der Begriff „Status" ist deutlich spezieller als der Begriff „Rechtsverhältnisse" in Art. 73 Nr. 8 GG.[82] Auch die historische Auslegung weist in Richtung einer restriktiven Interpretation, da auch die Vorläufernorm, Art. 75 Abs. 1 S. 1 Nr. 1 GG a. F., den Begriff „Rechtsverhältnisse" enthielt, der bewusst nicht übernommen wurde.[83] Aufgrund teleologischer Auslegung lässt sich anschließen, dass der verfassungsändernde Gesetzgeber schließlich erkennbar von einer deutlichen Stärkung der Personalhoheit der Länder ausging[84] und u. a. der Auffassung war, die in Klammern gesetzte Aufzählung (Besoldung/Versorgung/Laufbahn) bilde nur einen Ausschnitt der neuen Kompetenzen der Länder.[85] Die bundesrechtlichen Kompetenzen sollen in diesem Bereich die „Ausnahme" bilden.[86] Die Statusrechtskompetenz sollte vor allem dem Bund die Möglichkeit geben, die Einhaltung der Beachtung der hergebrachten Grundsätze zu garantieren.[87] Bei einer engen Auslegung des Begriffs der Statusrechte dürfte § 32 BDSG nicht auf Art. 74 Abs. 1 Nr. 17 GG zu stützen sein. Datenschutzfragen besitzen keinen ausreichenden engen Bezug zu einem so verstandenen Statusbegriff.

§ 32 BDSG dürfte auch keine Norm sein, die auf die alte Rahmengesetzgebungskompetenz des Bundes für das Beamtenverhältnis im Sinne von Art. 75 GG a. F. gestützt werden könnte. Gemäß Art. 75 GG alte Form konnte der Bund Rahmenvorschriften für die Gesetzgebung der Länder erlassen, u. a. über die Rechtsverhältnisse der im öffentlichen Dienst der Länder, Gemeinden und anderen Körperschaften des öffentlichen Rechtes stehenden Personen, soweit Artikel 74a GG nichts anderes bestimmt. Rahmenvorschriften durften gem. Art. 75 Abs. 2 GG a. F. nur in Ausnahmefällen in Einzelheiten gehende oder unmittelbar geltende Regelungen enthalten. § 32 BDSG wäre schwer als Rahmenvorschrift zu verstehen, da sie im Verhältnis zu den Angestellten eine Vollregelung bilden soll, zudem eine isolierte Einzelnorm und keine Rahmenregelung ist. Daher kann die Norm auch nicht gemäß Art. 125a GG trotz Veränderung der Gesetzgebungskompetenz durch die Föderalismusreform fortgelten. Auch eine Gesetzgebungskompetenz aus dem Sachzusammen-

---

[82] *H. A. Wolff*, DÖV 2007, 504, 505.

[83] *Bochmann*, ZBR 2007, 1, 4; ausführlich ebenso VG Düsseldorf, Ut. v. 30.05.2008, Az: 13 K 5281/07 (juris, Rn. 125 ff.).

[84] BT-Drs. 16/813, S. 14; s. dazu BR-Drs. 59/08, S. 2.

[85] BT-Drs. 16/813, S. 14.

[86] Ebenso VG Düsseldorf, Urt. v. 30.05.2008, 13 K 5281/07 (juris, Rn. 95, 118).

[87] *Kersten*, ZfPR 2007, 72, 78.

hang dürfte im Bund nicht infrage stehen. § 12 Abs. 4 BDSG betont die Geltung des § 32 BDSG für das Beamtenverhältnis erneut, bezieht dies aber über § 12 Abs. 1 BDSG diesmal ausdrücklich nur auf das Bundesbeamtenverhältnis. Man wird diese Regelung insgesamt auf § 32 BDSG beziehen dürfen.

Gilt die formale Gleichstellung von Angestelltenverhältnis und Beamtenrechtsverhältnis über § 32 BDSG i. V. m. § 3 Abs. 11 Nr. 8 BDSG nicht für die bayerischen Landesbeamten, so lässt sich aus dieser Gleichsetzung aber immerhin eine unverbindliche Wertung für eine solche Gleichsetzung ableiten.

Eine Gleichstellung ist sachlich auch naheliegend. Bestehen im Angestelltenverhältnis zumindest Zweifel hinsichtlich der Zulässigkeit der Einwilligung als Rechtfertigungsgrund, so dürfte dies erst recht für das Beamtenverhältnis gelten. Es lassen sich zwar durchaus Gründe dafür nennen, weshalb bei der Einwilligungsfrage das Beamtenrechtsverhältnis und das Angestelltenverhältnis nicht gleich zu behandeln sind. So ließen sich für diese Ansicht zunächst die grundsätzlichen Unterschiede beider Rechtsverhältnisse anführen. Weiter wird im Beamtenrechtsverhältnis auch dafür Sorge getragen, die Beamten unabhängig zu stellen, insbesondere über das Prinzip der Lebenslänglichkeit und die strenge Gesetzesgebundenheit. Diese Unabhängigkeit führt zu einer deutlich geringeren Abhängigkeit der Beamtin und des Beamten gegenüber dem Dienstherrn im Vergleich zur Angestellten bzw. zum Angestellten gegenüber dem Arbeitgeber. Es ist gerade Sinn des Beamtenrechtsverhältnisses, den einzelnen Betroffenen als selbstbewusste Handlungseinheit zu stärken.

Diesen Gründen stehen aber gewichtige Gegenargumente entgegen. So ist in beiden Rechtsverhältnissen, trotz der bestehenden Unterschiede, jeweils der Dienstverpflichtete von der anderen Seite rein finanziell abhängig. Weiter wird der Inhalt des Beamtenrechtsverhältnisses in deutlich stärkerem Maße als das Angestelltenverhältnis formalisiert ausgestaltet, d. h., der Vertrag besitzt einen deutlich geringeren Anwendungsbereich, sodass der Einwilligung ein geringerer Anwendungsbereich zukommt. Schließlich dürfte auch die starke Fürsorgepflicht des Dienstherrn das Argument der stärkeren Unabhängigkeit abmildern. Der Dienstherr ist zur Fürsorge gegenüber seinen Beamtinnen und Beamten verpflichtet und darf daher nicht, allein auf das eigene Interesse schauend, von diesen Einwilligungen zu sie belastenden Eingriffen leichtfertig einholen.

Im Ergebnis wird man davon ausgehen können, dass für das Beamtenverhältnis nicht grundsätzlich etwas anderes gelten kann als für das

Angestelltenverhältnis.[88] Die Überlegungen hier konzentrieren sich im Wesentlichen auf die rechtliche Beurteilung der Speicherung des DNA-Identifikationsmusters der Beamtinnen und Beamten in der Mitarbeiterdatei. Dies geschieht deshalb, um dem Umfang dieser Überlegungen Rechnung zu tragen. In der Mitarbeiterdatei werden aber auch DNA-Identifikationsmuster von Beschäftigten des Staates gespeichert, die nicht im Beamten-, sondern im Angestelltenverhältnis tätig werden. Bei diesen gilt uneingeschränkt die Voraussetzung des Arbeitnehmerdatenschutzes. Für die Beschäftigten des öffentlichen Dienstes im Angestelltenverhältnis greifen daher die Bedenken, die in der Literatur hinsichtlich der Freiwilligkeit der Einwilligung im Arbeitsverhältnis bestehen, uneingeschränkt.

c) Folgerungen für die Errichtung von DNA-Mitarbeiterdateien für den vorliegenden Sachverhalt

Legt man die Ansicht zugrunde, nach der in Beschäftigungsverhältnissen die Einwilligung grundsätzlich keinen Anwendungsbereich besitzt, zumindest dann nicht, sofern es um eine Belastung für den Beschäftigten geht, dann könnte die Einwilligung keine Grundlage für die Mitarbeiterdatei sein.

2. Differenzierende Ansicht

De lege lata dürfte zutreffender Ansicht nach aber nicht von einem vollständigen Ausschluss der Zulässigkeit der Einwilligung im Beschäftigungsverhältnis auszugehen sein.[89]
(a) Dies folgt zunächst daraus, dass die wichtigsten Beispiele, die für einen Ausschluss der Einwilligung streiten, Argumente de lege ferenda sind, d. h. Gesetzgebungsvorschläge, die gerade noch nicht Gesetz geworden sind.
(b) Weiter lässt sich die Entstehungsgeschichte zu § 32 BDSG als Argument anführen. § 32 BDSG bildet eine gesetzliche Grundlage für die Verarbeitung personenbezogener Daten im Beschäftigungsverhältnis in einem gewissen Umfang. Es stellt sich daher bei objektiver rechtlicher

---

[88] So auch *Bergmann/Möhrle/Herb*, BDSG, § 4 (Stand Februar 2002), § 4a Rn. 5a – allgemein für andere Beschäftigungsverhältnisse.

[89] So *Riesenhuber*, in: Wolff/Brink, Datenschutzrecht, § 32 BDSG, Rn. 36 (bezogen auf Arbeitsverhältnis); *Däubler*, in: Däubler/Klebe/Wedde/Weichert, BDSG, 2010, § 4a Rn. 23; *Sokol*, in: Simitis (Hg.), BDSG, 2011, § 4, Rn. 7; *Taeger*, in: Taeger/Gabel, BDSG, 2010, § 4a Rn. 59 ff. (bezogen auf Arbeitsverhältnis).

Auslegung die Frage, ob durch § 32 BDSG die Einwilligung im Beschäftigungsverhältnis konkludent ausgeschlossen werden soll. Der Gesetzgeber ist bei Erlass des § 32 BDSG auf diese Frage eingegangen. So heißt es dort ausdrücklich:

Die übrigen einschlägigen allgemeinen und bereichsspezifischen Datenschutzvorschriften, die eine Datenerhebung, -verarbeitung oder -nutzung erlauben oder anordnen, werden durch § 32 nicht verdrängt. Auch eine Datenerhebung oder -verwendung auf der Grundlage einer freiwillig erklärten Einwilligung des Beschäftigten (§ 4a des Bundesdatenschutzgesetzes, § 22 des Kunsturhebergesetzes) wird durch § 32 nicht ausgeschlossen.[90]

Diese klare gesetzgeberische Aussage dürfte der Annahme, § 32 BDSG schließe konkludent die Zulässigkeit der Einwilligung aus, entgegenstehen.[91]

(c) Dieses Ergebnis wird durch einen Blick auf die Art. 96 Abs. 5 BayBG sowie Art. 108 Abs. 1 und Abs. 3 BayBG gestützt (s. o. S. 35).

(d) Schließlich ist der generelle Ausschluss der Einwilligung bei einem bestehenden Beschäftigungsverhältnis insbesondere einem Beamtenverhältnis, auch unter dem Gesichtspunkt des Rechts auf informationelle Selbstbestimmung nicht gerechtfertigt. Geschützt werden soll die Selbstbestimmung. Der Ausschluss der Einwilligung nimmt dem Betroffenen die Selbstbestimmung in diesem Bereich. Dies ist nur bei sachlichen Gründen möglich. Die Vorstellung, die Beamtinnen und Beamten seien – bei der gegenwärtigen Ausgestaltung des Beamtenrechts grundsätzlich nicht mehr in der Lange, über die Verwendung ihrer personenbezogenen Daten zu entscheiden, erscheint sachlich nicht angemessen.

Insgesamt wird man daher davon ausgehen müssen, dass auch im Beamtenverhältnis, ebenso wie im Angestelltenverhältnis, die Einwilligung als Grundlage für die Datenverarbeitung nicht per se vollständig ausgeschlossen ist.[92]

3. Zwischenergebnis

Legt man diese Ansicht dem oben geschilderten Sachverhalt zugrunde, wäre die Mitarbeiterdatei nicht allein schon deswegen rechtswidrig, weil die Einwilligung im Beamtenrechtsverhältnis nicht für die Rechtfertigung

---

[90] BT-Drs 16/13657, S. 20.
[91] *Wybitul*, BB 2010, 1085, 1089.
[92] OVG Koblenz, Ut. v. 10.09.2007, 2 A 10413/07, juris Rn. 21 = MMR 2008, 635 (für den Fall der Einwilligung eines Fotos eines Beamten im Internet).

von Belastungen der Beamtin oder des Beamten herangezogen werden könnte.

V. Erfordernis aus dem Gebot der Wesentlichkeitstheorie

1. Der Maßstab

Nach dem im Grundgesetz nicht ausdrücklich geregelten, aber vorausgesetzten und aus der rechtsstaatlichen Struktur der Verfassung folgenden Grundsatz des Vorbehalts des Gesetzes verlangt jeder Eingriff in Freiheit und Eigentum eine gesetzliche Grundlage. Art. 2 Abs. 1 GG verlangt das Gleiche. Ist kein Eingriff gegeben, greift formal der Vorbehalt des Gesetzes nicht. Da es aber auch im Nicht-Eingriffsbereich Situationen gibt, die in gleicher Weise eine Regelungsverantwortung des Gesetzgebers aufwerfen wie Eingriffe, wurde der Vorbehalt des Gesetzes über die sogenannte Wesentlichkeitstheorie ausgeweitet, u. a. auch in den Bereich der grundrechtsrelevanten Fragen außerhalb von Eingriffen.

Nach der Wesentlichkeitstheorie verpflichten das Rechtsstaatsprinzip und das Demokratieprinzip des Grundgesetzes den Gesetzgeber, wesentliche Entscheidungen selbst zu treffen und nicht der Verwaltung zu überlassen.[93]

Der Gesetzgeber muss die für die Grundrechtsverwirklichung maßgeblichen Regelungen im Wesentlichen selbst treffen und darf diese nicht dem Handeln und der Entscheidungsmacht der Exekutive überlassen. Wie weit der Gesetzgeber die für den fraglichen Lebensbereich erforderlichen Leitlinien selbst bestimmen muss, richtet sich maßgeblich nach dessen Grundrechtsbezug. Eine Pflicht dazu besteht, wenn miteinander konkurrierende grundrechtliche Freiheitsrechte aufeinandertreffen und deren jeweilige Grenzen fließend und nur schwer auszumachen sind.[94]

2. Die Anwendung des Maßstabs auf eine Datei mit DNA-Identifizierungsmuster

Als Handlungsoption besteht dabei zunächst die Möglichkeit, die Mitarbeiterdatei gesetzlich selbst abschließend zu regeln. Näher dürfte aber eine Regelung sein, bei der die gesetzliche Regelung die Aufnahme der DNA-Identifizierungsmuster mit Einwilligung des Betroffenen zulässt.

---

93   BVerfG, Ut. v. 24.05.2006, 2 BvR 669/04, BVerfGE 116, 24 ff.= juris Rn. 84.
94   BVerfG, Beschl. v. 27.11.1990, 1 BvR 402/87, BVerfGE 83, 130 ff. juris Rn. 39.

a) Rechtsstaatliche Aspekte

Es lassen sich erhebliche Gesichtspunkte nennen, die dafür sprechen, die Grundsätze einer Mitarbeiterdatei für „wesentlich" im Sinne der Wesentlichkeitstheorie zu verstehen.

Dies folgt zunächst aus dem Rechtsstaatsgedanken.

Auch wenn man davon ausgeht, dass die Einwilligung den Eingriff ausschließt und daher der Vorbehalt des Gesetzes nicht zwingend eine gesetzliche Grundlage verlangt, so spricht dennoch die Grundrechtsrelevanz für die Qualifizierung als wesentlich. Die Grundrechtsrelevanz wird hier hergestellt über die Schutzpflicht. Die Schutzpflicht des Rechts auf informationelle Selbstbestimmung ist wegen des hohen Gefährdungspotentials, das von einer privaten Datenverarbeitung ausgeht und fast genauso hoch ist wie das einer staatlichen Datenverarbeitung, sehr ausgeprägt. So heißt es in der verfassungsgerichtlichen Rechtsprechung:[95]

Das allgemeine Persönlichkeitsrecht umfasst die Befugnis des Individuums, über die Preisgabe und Verwendung seiner persönlichen Daten – hier seiner Gesundheitsdaten – selbst zu bestimmen (vgl. BVerfGE 65, 1 <43>; 84, 192 <194>). Dieses Recht entfaltet als objektive Norm seinen Rechtsgehalt auch im Privatrecht und strahlt so auf die Auslegung und Anwendung privatrechtlicher Vorschriften aus (BVerfGE 84, 192 <194 f.>). Verkennt ein Gericht, das eine privatrechtliche Streitigkeit entscheidet, in grundsätzlicher Weise den Schutzgehalt des allgemeinen Persönlichkeitsrechts, verletzt es durch sein Urteil das Grundrecht des Bürgers in seiner Funktion als Schutznorm (vgl. BVerfGE 84, 192 <195>).

Die aus dem Recht auf informationelle Selbstbestimmung folgende Schutzpflicht gebietet es, dafür Sorge zu tragen, dass informationeller Selbstschutz für Einzelne tatsächlich möglich ist. Zwar steht es dem Individuum frei, Daten anderen gegenüber zu offenbaren oder sich vertraglich dazu zu verpflichten. Hat aber in einem Vertragsverhältnis ein Partner ein solches Gewicht, dass er den Vertragsinhalt faktisch einseitig bestimmen kann, so ist es Aufgabe des Rechts, auf die Wahrung der Grundrechtspositionen der beteiligten Parteien hinzuwirken, um zu verhindern, dass sich für einen Vertragsteil die Selbstbestimmung in eine Fremdbestimmung verkehrt (vgl. BVerfGE 103, 89 <100 f.>; 114, 1 <34>; BVerfGK 9, 353 <358 f.>).

Die Schutzpflicht greift nicht nur ein, wenn es um den Schutz vor Belastungen durch Dritte geht, sondern auch dann, wenn es um den Schutz

---

des Einzelnen vor sich selbst geht, bzw. wie hier um den Schutz vor zu leichtfertiger Abgabe von Einwilligungserklärungen. Man kann mit guten Gründen davon ausgehen, die Schutzpflicht des Rechts auf informationelle Selbstbestimmung verlange, dass der Gesetzgeber die Bedingungen, unter denen die Einwilligung abgegeben werden könne, ausgestaltet.

Aber selbst wenn man diesen Schluss nicht annehmen sollte, bleibt die Schutzpflicht zu beachten, dann aber vom Dienstherrn und nicht vom Gesetzgeber. In diesem Fall muss der Dienstherr für eine wirklich freie Abgabe der Einwilligungserklärung Sorge tragen. Es bedarf keiner Fantasie, um behaupten zu können, dass Fallkonstellationen denkbar sind, in denen Vorgesetzte zumindest leichten Druck auf die Untergebenen ausüben, die für die Mitarbeiterdatei erforderliche Einwilligung abzugeben. Diese rechtswidrige Druckausübung muss der Dienstherr sich anrechnen lassen, wenn er nicht selbst durch ausdrückliche Regelungen festlegt, was im Falle einer solchen Verweigerung gelten soll. Würde der Dienstherr etwa einen Betroffenen mit den ungeklärten Folgen der Verweigerung einer Einwilligung alleinlassen und ihn dem Druck des jeweils konkreten „Arbeitsumfeldes" schutzlos ausliefern, wäre nicht mehr von einer Freiwilligkeit auszugehen.

Neben der Schutzpflicht sprechen auch der Gedanke des Grundrechtsschutzes durch Verfahren und das daraus folgende Regelungsbedürfnis für die Annahme einer wesentlichen Regelung. Das Regelungsbedürfnis ergibt sich dabei aus der Natur der Sache bzw. den Verwendungsmöglichkeiten der DNA.

Das Problem mit dem DNA-Identifikationscode liegt vor allem in dessen unglaublichen Einsatzmöglichkeiten und Verwendungsmöglichkeiten. Gerade die Verwendung ist aber eine Frage, die zu regeln ist. Die beste Regelung wäre die durch den Gesetzgeber selbst. Die Einwilligung ist nicht die richtige Rechtfertigungsform, um komplizierte Verfahrensregelungen zu legitimieren. Eine Errichtungsanordnung lässt sich schlecht in eine Einwilligung fassen. Möglich ist, die Errichtungsanordnung neben die Einwilligung zu stellen und in der Einwilligung darauf zu beziehen oder sie über detaillierte Regelungen in allgemeinen Geschäftsbedingungen zu normieren, auf die sich die Einwilligung bezieht. Die Notwendigkeit umfangreicher allgemeiner Geschäftsbedingungen oder Verfahrensbestimmungen zur Ausgestaltung der Datei ist aber ein Zeichen dafür, dass eigentlich die Einwilligung allein nicht die richtige Regelungsform bildet.

b) Demokratieprinzip

Aus dem Demokratieprinzip heraus kann die Regelung dann wesentlich sein, wenn es um eine Sachmaterie geht, über die der Bürger eine parlamentarische Debatte erwartet. Bei einer Datei, die den DNA-Identifikationscode von vielen Menschen speichert, geht es der Sache nach um die Verantwortung für entwicklungsoffene Techniken. Wie es mit der DNA-Entschlüsselung wirklich weitergeht, weiß allenfalls ein kleiner Kreis von Menschen. Jede Maßnahme, die wir heute zur Sicherung des Persönlichkeitsrechts des Betroffenen vorsehen, kann morgen schon wegen der Weiterentwicklung der Technik überholt sein. Darauf stellt auch der EMRK seine Überlegungen zur Belastungswirkung von DNA-Identifikationscodes in zentraler Weis ab (s. o. S. 36). Dieser Gedanke ist bekannt aus dem Bereich der Kernkraftnutzung.[96] Die DNA ist technisch nicht mit der Atomkraft vergleichbar, hinsichtlich des Wesentlichkeitsgrundsatzes besteht zwischen beiden dennoch insofern eine Verbindung, als es darum geht, wer die Verantwortung für nicht erkannte Risiken und Entwicklungen übernehmen muss; der Gedanke, das sei der Gesetzgeber und nicht der Betroffene, liegt nicht wirklich fern.

c) Andere Regelungen

Wie sehr der Gedanke der Wesentlichkeit für eine gesetzliche Regelung einer DNA-Datei spricht, sieht man auch daran, wie der Gesetzgeber die Frage außerhalb des Mitarbeiterbereichs geregelt hat. Mit den §§ 81e–81h StPO wurde die Frage der DNA-Analyse sorgfältig gesetzlich geregelt. Besonders bemerkenswert ist dabei, dass die Frage der Heranziehung einer Vielzahl von Personen zum Abgleich eines nicht zugeordneten DNA-Identifikationscodes nur gegenüber potenziellen Tätern, nur mit deren Zustimmung, nur mit gerichtlicher Anordnung und auf gesetzlicher Grundlage (§ 81h StPO) möglich ist. Der Bundesgesetzgeber selbst hielt die Festlegung der Bedingungen für die Ermittlung des DNA-Identifikationsmusters und deren Speicherung in konkreten Strafverfahren und für künftige Verfahren zumindest für regelungsbedürftig und daher konkludent auch für wesentlich.

Aus dem Umstand der sorgfältigen Regulierung der DNA-Analyse in der StPO kann man zwar ersehen, wie sensibel der Gesetzgeber – völlig zu recht – diese Frage ansieht, umgekehrt wurde die DNA-Analyse aber auch vor der speziellen Regelung in §§ 81e ff. StPO auf der Grundlage der allgemeinen Eingriffsgrundlagen in § 81a StPO von der Rechtspre-

---

[96]   BVerfG, Ut. v. 08.08.1978, 2 BvL 8/77, BVerfGE 49, 89 ff.

chung für zulässig empfunden, was wiederum dafür spricht, dass die Wesentlichkeit eine spezielle Grundlage nicht zwingend verlangt.

Ein weiteres Argument für die Annahme, eine gesetzliche Regelung sei erforderlich, bildet auch Artikel 9 des Gesetzes über die Errichtung und den Betrieb integrierter Leitstellen vom 25.07.2002 (GVBl 2002, S. 318). Dort ist eine ausdrückliche gesetzliche Ermächtigung für die Erhebung personenbezogener Daten bei der integrierten Leitstelle (Telefonnummer 112) vorgesehen. Die dort vorgesehene Verarbeitung ist wegen der Aufnahme der Stimme in besonderer Weise belastend für den Betroffenen, andererseits ist der Verwendungszusammenhang der Tonaufnahme von Anrufen bei der integrierten Leitstelle deutlich geringer als die Verwendungsmöglichkeiten der DNA-Identifikationsmuster. Wenn der Gesetzgeber schon den Fall der Telefonaufnahme der Anrufe bei der integrierten Leitstelle für so erheblich hält, dass eine gesetzliche Grundlage dafür erforderlich ist, spricht dies wertungsmäßig sehr dafür, auch bei einer DNA-Mitarbeiterdatei eine gesetzliche Grundlage zu verlangen.

In die gleiche Richtung weist die Entwicklung bei den Auskunfteien. Bekanntlich beruhen die Auskunfteien, die bekannteste dürfte wohl die Schufa sein, zunächst auf einer Einwilligung des Betroffenen. Angesichts der schweren Überschaubarkeit der Reichweite der Verarbeitung und weil oft in der Praxis die Freiwilligkeit der Einwilligung nicht wirklich vorlag, entschloss sich der Gesetzgeber, für die Auskunfteien eine gesetzliche Grundlage zu schaffen (§ 28a BDSG). Auch wenn die Mitarbeiterdatei vor allem die öffentliche und nicht die private Datenverarbeitung betrifft, sind die beiden Arten von Dateien wertungsmäßig nicht zu weit auseinander.

d) Ergänzende Gesichtspunkte

Für eine gesetzliche Regelung sprechen ergänzend auch noch weitere Gesichtspunkte.

Würde die Mitarbeiterdatei auf eine gesetzliche Grundlage mit einer Verordnungsermächtigung gestützt werden, hätte dies auch den Vorteil, dass die Beamtengewerkschaften beteiligt werden könnten und so ein zusätzlicher Schutz für die Betroffenen gewährleistet wäre (Art. 16 BayBG).

Weiter ist eine Mitarbeiterdatei, die sich nur auf eine Einwilligung stützt, mit erheblichen Rechtsunsicherheiten verbunden, wie dies immer für die Einwilligung in komplexen Verarbeitungsstrukturen mit erheblichen Rechtsunsicherheiten gilt.[97]

---

[97]   *Hartmann*, DuD 2008, 455, 459.

Drittens würden durch eine gesetzliche Grundlage auch die Rechtsschutzmöglichkeiten deutlich verbessert und auf diese Weise gleichsam die Rechtssicherheit erhöht werden. Eine Mitarbeiterdatei, die auf einer gesetzlichen Grundlage beruht, kann über die abstrakte Normenkontrolle den Verfassungsgerichten zur Beurteilung vorgelegt werden, eine Verwaltungspraxis als solche dagegen nicht.

e) Offene Wertungsfrage

Die Frage, wann eine Regelung so wesentlich ist, dass eine gesetzliche Grundlage auch bei fehlendem Eingriffscharakter zwingend erforderlich ist, ist ohne Werturteil nicht entscheidbar. Die Erstellung einer Mitarbeiterdatei mit DNA-Identifizierungsmuster bildet sicher einen Grenzfall. Eigentlich sprechen mehr Gründe dafür, eine solche Datei auf einer gesetzlichen Grundlage zu erstellen als auf der Basis einer Einwilligung. Umgekehrt besteht bei der Frage, was wesentlich ist, aber auch ein Beurteilungsspielraum. Dieser ist zu achten. Aus dem Umstand, dass der Bundesgesetzgeber im Rahmen des allgemeinen Ermittlungsverfahrens die DNA-Analyse umfangreich gesetzlich regelte, folgt weder, dass er die Erstellung einer DNA-Datei auf freiwilliger Basis für so wesentlich hält, dass sie unbedingt einer gesetzlichen Grundlage bedarf, noch dass der Landesgesetzgeber daran gebunden ist, noch dass die Ansicht für die Rechtsprechung zwingend ist. Zutreffender Ansicht nach wird man die Annahme, unter strenger Ausgestaltung sei eine Erststellung allein auf freiwilliger Einwilligung möglich, nicht für völlig unvertretbar halten.

3. Zwischenergebnis

Legt man diese Ansicht dem oben geschilderten Sachverhalt zugrunde, wäre die Mitarbeiterdatei wohl nicht allein schon deswegen rechtswidrig, weil die Einwilligung wegen des Grundsatzes der Wesentlichkeitstheorie einer gesetzlichen Grundlage bedarf.

VI. Vorbehalt des Gesetzes im Beamtenverhältnis

1. Der Maßstab

Die Einwilligung könnte aber auch deshalb als Grundlage ausscheiden, weil im Beamtenrechtsverhältnis ein strenger Vorbehalt des Gesetzes gilt.[98] Die Reichweite des Gesetzesvorbehalts im Beamtenrecht ist allerdings nicht sehr deutlich. Unbestritten gilt ein besonderer Gesetzesvorbehalt im Besoldungs- und Versorgungsrecht, der strenger ist als der allgemeine Parlamentsvorbehalt und weitergehende Ziele verfolgt.[99] Das BVerwG hat zudem für die Beihilfevorschriften des Bundes eine gesetzliche Grundlage eingefordert, da der Gesetzgeber die „tragenden Strukturprinzipien" über Leistungen an Beamte, Richter und Versorgungsempfänger im Falle von Krankheit und Pflegebedürftigkeit selbst treffen müsse.[100] Ähnliches wurde für die Beurteilungsrichtlinien angenommen.[101] In Bayern gilt zudem gem. Art. 95 Abs. 1 S. 1 BV ein besonderer Gesetzesvorbehalt für das Beamtenrecht.[102] Nach Art. 95 Abs. 1 BV werden die Grundlagen durch Gesetz geregelt. Gesetz i. S. v. Art. 95 Abs. 1 S. 1 BV ist das formelle Gesetz.[103] Was Grundlagen des Dienstverhältnisses sind, wird nicht näher ausgeführt. Es dürften die Prinzipien des Beamtenrechts sein. Ob darüber hinaus noch ein Parlamentsvorbehalt gilt, der über die Anwendung der allgemeinen Wesentlichkeitstheorie hinausgeht, ist offen, punktuell ist das möglich.

2. Die Folgerungen für eine Mitarbeiterdatei in Bayern

a) Art. 95 BV

Eine Grundlagenfrage i. S. v. Art. 95 BV dürfte nicht gegeben sein, da ihr ausschließlicher Bezug zum Dienst fehlt.

Die Frage, ob die DNA-Identifizierungsmuster der Beamtinnen und Beamten unter bestimmten Bedingungen gespeichert werden dürfen, betrifft diese in ihrer persönlichen Rechtsstellung in erheblicher Weise und geht deutlich über die Dienstsphäre hinaus. Die Identifikationsmöglichkeit, die mit dem DNA-Identifizierungsmuster verbunden ist, lässt sich logischerweise nicht auf den Dienst beschränken. Umgekehrt wird die Mitarbeiterdatei vom Dienstherrn ja nicht einseitig geregelt, sondern stützt sich auf Einwilligung des Betroffenen. Auf diese Weise wird die

---

[98]   S. dazu *Kempen*, ZBR 2006, 145/148; *Summer*, DÖV 2006, 249/ 250; *von Münch*, in: Studienkommission Bd. 5, Verfassungsrechtliche Grenzen einer Reform des öffentlichen Dienstrechts, 1973, 71/ 139 ff.

[99]   Ausführlich *Wolff*, ZBR 2006, 331 ff.

[100] BVerwG, Ut. v. 17.06.2004 – 2 C 50.02 – BVerwGE 121, 103 ff. = BayVBl 2005, 345.

[101] BVerwG, B. v. 26.05.2009 – 1 WB 48.07 – BVerwGE 134, 59 Rn. 33 ff.

[102] Ausführlich *Wolff*, in: Lindner/Möstl/Wolff, Bayerische Verfassung, 2009, Art. 95 Rn. 5 ff.

[103] *Wolff*, in: Lindner/Möstl/Wolff, Bayerische Verfassung, 2009, Art. 95 Rn. 6.

Mitarbeiterdatei nicht Bestandteil des Dienstverhältnisses, sondern ein zusätzlicher potenzieller Teil der Rechte und Pflichten. Solange die Mitarbeiterdatei nicht alle Beamtinnen und Beamten erfasst, wird man sie daher nicht als Teil des Beamtenverhältnisses i. S. v. Art. 95 BV erfassen können.

b) Bundesrechtlicher beamtenrechtlicher Vorbehalt des Gesetzes

Es ist argumentativ und dogmatisch ohne Weiteres möglich, einen weit verstandenen Vorbehalt des Gesetzes auch auf die Frage der Erstellung einer Mitarbeiterdatei zu beziehen. Dieser Schluss liegt mit dem Blick auf die Argumentation im rechtpolitischen Bereich auch durchaus nahe. Der Dienstherr zieht den Grundsatz des Vorbehalts des Gesetzes grundsätzlich weit und verweigert unter Berufung auf diesen in aller Regel alle individuellen Vereinbarungen. Es ist aber nicht fair, der Beamtin und dem Beamten jegliche Möglichkeit, seine Rechtsstellung individuell vertraglich zu verbessern, mit dem Argument auszuschließen, es gelte ein strenger Vorbehalt des Gesetzes im Beamtenrecht, dem Dienstherrn aber ohne Weiteres die Möglichkeit einzuräumen, im Wege der einseitigen Einwilligung gesetzlich nicht vorgesehene Belastungen für die Beamten, wie etwa den Aufbau einer DNA-Datenbank, vorzunehmen. Wenn man die Möglichkeit, durch einseitige Rechtsverhältnisse die Rechtsstellung des Beamten zu verbessern, in weitem Umfange nimmt, muss man den Dienstherrn auch in für ihn ungünstigen Bereichen auf den Vorbehalt des Gesetzes verweisen.

Andererseits gibt es für eine weite Auslegung des Vorbehalts des Gesetzes keine zwingenden Gründe. Art. 33 Abs. 5 GG und der Vorbehalt des Gesetzes im Besoldungs- und Versorgungsrecht tragen nicht den Schluss, jede Einzelfrage des Rechtsverhältnisses müsse durch Gesetz geregelt werden. Nach zutreffender, wenn auch nicht unbestrittener Ansicht, ist daher nicht von einem umfassenden Vorbehalt des Gesetzes auszugehen. Nahe liegt vielmehr die Annahme, es würden, sofern es um die persönliche Rechtsstellung des Einzelnen geht, im Wesentlichen die allgemeinen Regeln der Wesentlichkeitstheorie eingreifen, und zwar auf die Institution des Beamtenrechts angepasst. Dem Parlamentsvorbehalt dürften daher im Beamtenverhältnis die zentralen Bereiche unterfallen: insbesondere Alimentation, Besoldung, Versorgung mitsamt der Hinterbliebenenversorgung; Begründung und Beendigung des Beamtenverhältnisses; grundlegende Rechte und Pflichten, Ausnahmen vom Lebenszeitprinzip, Ruhegehalt, Disziplinarrecht, Laufbahngruppenfestlegung sowie Grundzüge der Mitbestimmung.

Legt man diese Ansicht dem oben geschilderten Sachverhalt zugrunde, kann man auf das Ergebnis zur Wesentlichkeitstheorie verweisen (s. o. S. 73). Somit wäre die Mitarbeiterdatei wohl nicht allein schon deswegen rechtswidrig, weil die Einwilligung wegen des Grundsatzes des Vorbehalts des Gesetzes im Beamtenrecht einer gesetzlichen Grundlage bedarf.

VII. Zwischenergebnis

Es bestehen beachtliche Gründe, die für die Schaffung einer gesetzlichen Grundlage für die Mitarbeiterdatei sprechen. Es ist unbestritten, dass die Schaffung einer solchen Regelung, die die Aufnahme der DNA-Identifizierungsmuster mit Zustimmung der Betroffenen zulässt und die die wichtigsten Eckdaten der Mitarbeiterdatei regelt, verfassungsrechtlich der wünschenswerteste Weg wäre.

Davon zu trennen ist die Frage, ob es der Verwaltung vollständig verwehrt ist, bei einer Untätigkeit des Gesetzgebers eine solche Mitarbeiterdatei auf der Grundlage der Einwilligung zu betreiben. Dafür lassen sich gute Argumente nennen und es besteht eine erhebliche Wahrscheinlichkeit, dass im Fall einer gerichtlichen Kontrolle eine gesetzliche Grundlage verlangt wird. Der Betrieb einer Mitarbeiterdatei allein auf der Basis einer Einwilligung birgt daher für den Fall, dass es zu einer gerichtlichen Prüfung kommt, die allerdings wegen des Vorliegens der Einwilligung nur unter besonderen Bedingungen denkbar ist, etwa bei einer fehlenden Beachtung eines wirksamen Widerrufes oder einer Missachtung der regionalen Begrenzung, ein erhebliches prozessuales Risiko. Umgekehrt ist aber auch die Annahme, auch im Bereich des Beamtenverhältnisses komme die Einwilligung grundsätzlich infrage, zumindest gut vertretbar und nach der hier zugrunde gelegten Ansicht auch vorzugswürdig.

F. Die Anforderungen an die Einwilligungserklärung

Ist die Einwilligung aus Rechtsgründen nicht per se als Grundlage ausgeschlossen, ist zu prüfen, ob die Einwilligung im konkreten Fall die Anforderungen an eine wirksame Einwilligung erfüllt.

Wie oben dargelegt (s. o. S. 42 und 51) richten sich die Anforderungen an Freiwilligkeit, Informiertheit und Bestimmtheit der Einwilligung auch nach den Anforderungen des Einzelfalls. Daher ist zunächst der Maßstab an die Einwilligung zu prüfen und anschließend zu untersuchen, ob die einzelnen Anforderungen erfüllt sind.

I. Die generellen Anforderungen

1. Hohe Anforderungen wegen des bestehenden Beamtenverhältnisses

Wie unschwer an der Argumentation zur Frage zum generellen Ausschluss zu sehen ist, gibt es mehrere rechtliche Ansatzpunkte, weshalb man eine Mitarbeiterdatei allein auf der Basis einer Einwilligung rechtlich ablehnen könnte, mit dem Argument, die Einwilligung sei als rechtliche Grundlage im Beamtenrechtsverhältnis für datenschutzrechtliche Belastungen grundsätzlich ungeeignet. Alle drei Ansichten werden von gewichtigen Stimmen vertreten, können aber letztlich nicht überzeugen.

Auch wenn man wie hier nicht davon ausgeht, dass die Einwilligung im Bereich des Beamtenrechtsverhältnisses vollständig ausgeschlossen ist und auch die Möglichkeit, eine gesetzliche Grundlage zu schaffen, nicht von vornherein den Einsatz der Einwilligung ganz versperrt, so ist dennoch unbestritten, dass die Wertungsgesichtspunkte, die hinter den genannten Argumenten stehen, dazu führen, dass zumindest an die Frage der Freiwilligkeit, der Informiertheit und der Bestimmtheit der Einwilligung besonders strenge Anforderungen zu stellen sind. So wird für den öffentlichen Bereich auch von den Stimmen, die die Einwilligung nicht ausschließen, zumindest von einem engen Anwendungsbereich ausgegangen und hohe Anforderungen an wirksame Einwilligungen gefordert.[104] Das Gleiche gilt für diejenigen, die für das Beschäftigungs-verhältnis die Einwilligung nicht grundsätzlich ausschließen.[105]

In einer Konstellation, in der üblicherweise der Gesetzgeber per Gesetz die Inhalte des Rechtsverhältnisses festlegt und zudem der Betroffene wegen der Abhängigkeit des Beschäftigungsverhältnisses nicht vollstän-dig Herr seiner Entscheidungen ist, ist der Einsatz der Einwilligung zu-mindest nur bei besonders strenger Prüfung der Freiwilligkeit, der Infor-miertheit und der Bestimmtheit möglich.

2. Die Schwere der Belastung

Zusätzlich könnten wegen der Belastungen, die für den Betroffenen durch die Einstellung und Verarbeitung personenbezogener Daten in die Mitarbeiterdatei eintreten, hohe Anforderungen zu stellen sein. Zieht man dafür die oben genannten Kriterien heran, ist Folgendes zu sagen.

a) Betroffene Grundrechte

Durch die Einstellung der personenbezogenen Daten in die Mitarbeiter-datei ist zunächst das Recht auf informationelle Selbstbestimmung be-troffen.

Fraglich ist, ob darüber hinaus auch in das allgemeine Persönlichkeits-recht gem. Art. 1 Abs. 1, Art. 2 Abs. 1 GG eingegriffen wird. Die DNA be-sitzt zwar einen hohen Persönlichkeitsbezug. Nach dem oben dargeleg-ten Sachverhalt erlaubt sie aber keine persönlichkeitsrelevanten Rück-schlüsse außer der Feststellung des Geschlechts. Man wird daher nicht zwingend ein relevantes allgemeines Persönlichkeitsrecht aus Art. 2 Abs. 1 GG heranziehen müssen. Allerdings ist das Risiko eines Miss-brauchs dennoch in die Bewertung der Belastung einzustellen. Verstöße gegen die Pflicht, die codierenden DNA-Teile zu vernichten oder das DNA-Identifizierungsmuster datensicher zu speichern, hätten für den Betroffenen katastrophale Folgen. Bei der Belastungsbeurteilung kann nach ständiger Rechtsprechung die Frage der Folgen im Fall eines Miss-brauchs nicht ausgeschlossen bleiben.

---

[104] *Bergmann/Möhrle/Herb*, BDSG, § 4 (Stand Februar 2002), § 4a Rn. 12; *Simits*, in: ders. (Hg.), BDSG, 2011, § 4a Rn. 15 ff.; das Strafverfahren *Petri*, in: Lis-ken/Denninger (Hg.), Handbuch, H, Rn. 98.

[105] Hohe Anforderungen an die Freiwilligkeit und Informiertheit formuliert zutref-fend *Brink*, in: Wolff/Brink, Datenschutz, Syst. C, Rn. 92; *Däubler*, in: Däu-bler/Klebe/Wedde/Weichert, BDSG, 2010, § 4a Rn. 23: „Vermutung für eine Unfreiwilligkeit"; *Sokol*, in: Simitis (Hg.), BDSG, 2011, § 4 Rn. 7; *Kube*, in: Isensee/Kirchhof, HSTR VII, § 148 Rn. 82.

Andererseits kann unter bestimmten Umständen der Grundsatz der Selbstbelastungsfreiheit („Nemo tenetur se ipsum accusare") aus Art. 2 Abs. 1, Art. 1 Abs. 1, Art. 20 GG betroffen sein. Aufgrund des Grundsatzes der Selbstbelastungsfreiheit darf niemand gezwungen werden, im strafrechtlichen Verfahren gegen sich selbst auszusagen. Dieses Recht ist ungeschrieben und vermittelt subjektive Rechte des Einzelnen. Dies ist unbestritten. Nach dem oben festgestellten Sachverhalt ist nicht ausgeschlossen, dass die freiwillig abgegebene DNA gegen den Betroffenen bei den Ermittlungen in einem Strafverfahren verwendet wird. Der Betroffene hat die Einwilligung aber nicht hinsichtlich künftiger Strafverfahren erteilt. Er wusste im Moment der Abgabe der DNA ggf. noch nicht, dass er künftig evtl. Straftaten begehen wird. Die Selbstbelastungsfreiheit wird üblicherweise auf Aussagen bezogen, gilt aber nicht nur für Aussagen, sondern für das gesamte positive und aktive Verhalten des Betroffenen.

b) Ausmaß der Beeinträchtigung

Das Ausmaß der Beeinträchtigung durch die Einstellung von DNA-Identifizierungsmustern in die Mitarbeiterdatei ist insgesamt gegenständlich beschränkt. Nur in sehr konkreten Situationen werden die Informationen relevant. Die Belastung für den Betroffenen ist gegenständlich auf die Situation beschränkt, dass unidentifizierte DNA an Tatorten gefunden wird.

Liegt aber ausnahmsweise mal eine dieser Konstellationen vor und wird eine Abfrage der konkreten DNA-Daten vorgenommen, ist der Belastungsgrad wiederum relativ groß, da die herangezogenen Informationen sensibel sind. Die Anzahl der Personen, die in der Datei gespeichert sind, ist groß. Die genaue Zahl ist, soweit ersichtlich, nicht bekannt.

c) Art der Informationen, insbesondere deren Persönlichkeitsrelevanz

Laut Sachverhalt ist der nicht codierende und nicht mit individuellen Informationen versehene Teil der DNA gespeichert. Sofern dies zutrifft, ist die Persönlichkeitsrelevanz dieser Daten nicht übermäßig hoch. Es sind daher Teile der DNA, die ausschließlich für die Individualisierung nutzbar sind. Allerdings gelingt diese Individualisierung mit sehr hoher Eindeutigkeit, was die Persönlichkeitsrelevanz wiederum steigert. Da es zudem Informationen sind, die der Einzelne fast jeden Augenblick und unvermeidbar verliert, ermöglicht die Kenntnis dieser Daten eine hohe Wahrscheinlichkeit sagen zu können, ob an einem besonderen Ort ein Mensch schon einmal war oder nicht. Es geht daher um körperbezogene Daten mit einem erheblichen Identifikationspotenzial.

Die Belastungswirkung wird deutlich erhöht, wenn man den Missbrauch und den Zugriff auf den codierten Teil hinzudenkt. Dann ist das Persönlichkeitsrecht in erheblicher Weise betroffen.

Eine gewichtige Belastungswirkung geht aber auch von der offenen technischen Entwicklung aus. Niemand weiß, was aus den DNA-Informationen in Zukunft alles an Information gewonnen werden kann.

d) Art der durch weitergehende Verarbeitung gewinnbaren Informationen und deren Persönlichkeitsrelevanz

Die Verwendungsmöglichkeit und die Einsatzmöglichkeit der Daten ist enorm.

Die Speicherung ist in Form einer Datei, die zum Abruf bereitgestellt wird, gedacht. Elektronische Dateien ermöglichen einen sehr großen Verarbeitungszusammenhang und sind datenschutzrechtlich auf höchster Stufe zu schützen.

e) Verfahrensausgestaltung des Eingriffs

Die Verfahrensausgestaltung der Datenverarbeitung vermittelt einen nicht unbeträchtlichen Schutz.

Die Daten werden pseudonymisiert gespeichert. Der Betroffene hat jederzeit einen Löschungsanspruch. Der Betroffene kann den räumlichen Geltungsbereich des Einsatzes der Daten beschränken. Der Zugriff auf die Daten ist streng limitiert.

f) Drohende Nachteile durch den Eingriff

Die Folgen eines Zugriffs auf diese Daten sind unterschiedlich. Weitgehend entlastet ein Zugriff den Betroffenen selbst insofern, als schnell klar wird, dass die gefundene und nicht zugeordnete DNA von ihm stammt.

Andererseits gibt es Verwendungsmöglichkeiten, bei denen der drohende Nachteil enorm ist. Das betrifft den Fall, dass er selbst Straftäter ist. In diesem Fall hat er seine Schutzmöglichkeiten von vornherein erheblich reduziert.

g) Zweckbindung

Die Zweckbindung ist verhältnismäßig stringent ausgerichtet. Die Daten sollen nur für die Zuordnung an Tatorten gefundener und nicht zugeordneter DNA verwendet werden dürfen. Der beabsichtigte Zweck selbst ist rechtmäßig. Es ist ausgesprochen sinnvoll, dass DNA von Personen, die im Rahmen der Strafverfolgung und Strafaufklärung an den Tatort kommen, von der DANN potenzieller Täter getrennt wird. Der Staat hat ein berechtigtes Interesse daran, dass im Rahmen der Strafverfolgung die vorliegenden Spuren nicht verwässert werden. Allerdings bedarf es der Sicherstellung, dass diese Effizienzsteigerung nur im Wege der Mitarbeiterdatei erreicht werden kann. Wäre die gleiche Effizienzsteigerung möglich, indem den Einzelnen ihre DNA-Identifikationsmuster zur Verfügung gestellt und diese sie jeweils bei Bedarf übermitteln würden, wäre die Errichtung einer vollständigen Datei nicht mehr ohne gesetzliche Grundlage zu rechtfertigen.

Es ist verfassungsrechtlich nicht offensichtlich unzulässig, wenn der Staat eine gesetzliche Grundlage schaffen würde, nach der Beamte und Beamtinnen nur dann an den Tatort dürfen, wenn man deren DNA-Identifikationscodes – in welcher Form auch immer – von den DNA-Identifikationscodes, die vor ihrem Eintreffen vorlagen, trennen kann. Dies heißt aber nicht, dass es auch verfassungsrechtlich zulässig sein muss, dieses Ergebnis ohne gesetzliche Grundlage, sondern nur mit Einwilligung zu erreichen.

h) Vorratsdatenspeicherung

Die Mitarbeiterdatei lebt davon, dass das DNA-Identifikationsmuster gespeichert wird, bevor überhaupt klar ist, ob dieses jeweils für den Zweck der Mitarbeiterdatei, die Aussonderung von Trugspuren, benötigt wird. Es handelt sich daher der Sache nach um eine Vorratsspeicherung. Die Anforderungen an die Vorratsspeicherung sind rechtlich hoch.

i) Möglichkeit der Erstellung von Bewegungs- und Persönlichkeitsprofilen

Die Möglichkeit, Bewegungsprofile zu erstellen, ist sehr hoch. Die Möglichkeit, Persönlichkeitsprofile aus dem codierenden Teil von DNA-Identifikationscodes zu erstellen, ist im Fall eines Missbrauchs gegeben.

j) Fehlende Beherrschbarkeit der Datenverarbeitung

Erheblich belastend wirkt der Umstand, dass die Betroffenen mit Abgabe der Einwilligung und ihrer Probe, aus der das DNA-Identifikationsmuster herausermittelt wird, faktisch die Beherrschbarkeit der Datenverarbeitung verlieren. Sie haben keinen Einfluss darauf, dass die Verarbeitung ihrer Daten rein tatsächlich nur zu den Zwecken verwendet wird, zu denen sie ihre Einwilligung erteilt haben. Rein tatsächlich verlieren sie die Einflussmöglichkeit auf die Datenverarbeitung vollständig.

k) Gesamtergebnis

Da es sich um Daten handelt, die den Betroffenen eindeutig identifizieren, die zudem zunächst in Kombination mit hochsensiblen Daten angeliefert werden und die vom Betroffenen nicht verändert werden können und bei denen die Folgen des Bekanntwerdens irreversibel wären, ist von einer intensiven Belastung auszugehen. Die Verfahrungsausgestaltung ist durch die Pseudonymisierung, durch die Limitierung der Zugriffsberechtigten und durch die technisch-organisatorischen Maßnahmen nicht unerheblich, was die Belastungsschwere im Falle der Einhaltung dieser Verfahrensvorgaben deutlich relativiert.

II. Anforderungen an die Freiwilligkeit

1. Tatsächliche Gewährleistung der Freiwilligkeit

a) Allgemein

Schließt man die Einwilligung als rechtliche Grundlage der Mitarbeiterdatei nicht vollständig aus, so konzentrieren sich die wesentlichen Probleme auf die konkrete Einwilligungserklärung. Es ist rechtlich unbestritten, dass in Fallgestaltungen wie der vorliegenden, in der die Einwilligung eine andere Fallgruppe der Datenverarbeitung rechtfertigen soll, als die gesetzlichen Regeln es vorsehen, und zudem ein Über- und Unterordnungsverhältnis vorliegt, hohe Anforderungen zu stellen sind. Diese hohen Anforderungen müssen auch in der Praxis umgesetzt werden und dürfen nicht nur pauschal behauptet werden. Die Einwilligung als Grundlage der Mitarbeiterdatei kann nur infrage kommen, wenn die Anforderungen an die Einwilligung auch wirklich vorliegen und nicht nur auf dem Papier stehen. Die Einwilligung ist daher nur wirksam, wenn ihre Abgabe wirklich frei ist. Freiwilligkeit meint die tatsächliche Möglichkeit, über die Einwilligung nach eigenen Wertungen entscheiden zu können. Ganz frei ist eine Entscheidung niemals. Freiwilligkeit verlangt aber die Abwesenheit von unangemessenem Druck.[106] Druck kann in unterschiedlicher Form ausgeübt werden. Zum einen kann aktiver Druck ausgeübt werden, indem man versucht, den Beamten zu motivieren, die Einwilligungserklärung abzugeben. Eine Form dieses unzulässigen Drucks bildet die Überraschung und Überrumplung.[107] Auch das Inaussichtstellen von Nachteilen ist eine Form des aktiven Drucks. Zum ande-

---

[106] *Däubler,* in: Däubler/Klebe/Wedde/Weichert, BDSG, 2010, § 4a Rn. 5.

[107] *Däubler,* in: Däubler/Klebe/Wedde/Weichert, BDSG, 2010, § 4a Rn. 25.

ren kann mittelbar Druck ausgeübt werden. Mittelbarer Druck kann entstehen, wenn das Inaussichtstellen von Vorteilen von der Einwilligungserklärung abhängig gemacht wird. Dies gilt vor allem dann, wenn die Vorteile, die für den Fall der Einwilligung in Aussicht gestellt werden, in keinem sachlichen Zusammenhang mit der Mitarbeiterdatei stehen.[108]

b) Kein direkter Druck

Die Freiwilligkeit ist nur gegeben, wenn die Vorgesetzten und das Umfeld der Beamtinnen und Beamten keinen Druck auf den Beamten ausüben, um die Erklärung zu erhalten. Das Kriterium ist dabei ernst zu nehmen. Schon die dienstliche Bekanntgabe, von wem keine Einwilligung vorliegt, wäre eine unzulässige Druckausübung. Es darf nicht zum guten Ton einer Dienststelle gehören, dass die Mitarbeiter einer gewissen Einheit alle ihre Einwilligungserklärungen zur Mitarbeiterdatei erteilt haben. Es bedarf keiner besonderen Fantasie, um sich vorzustellen, dass bei leitenden Mitarbeitern der Kriminalpolizei, die sich vollständig für ihren Dienstherrn und für ihre Aufgabe einsetzen, die Auffassung bestehen kann, dass die Einwilligung in die Mitarbeiterdatei erstens keine besondere Belastungswirkung hervorrufe und zweitens eigentlich unerlässlich für eine funktionierende kriminaltechnische Arbeit sei, und sie diese Einschätzung auch ihre Untergebenen wissen lassen. Es gibt vielfältige Formen, informell Druck auf Mitarbeiter auszuüben, angefangen von dem Ziehen einer Grimasse, Differenzierung in der Begrüßung, Differenzierung in der Abfolge der Arbeitszuweisung bis hin zu konkreten Äußerungen, etwa dass diejenigen, die keine Einwilligungserklärung abgeben, keinen Spaß mehr in der Dienststelle haben werden. All dies wäre unzulässig und hat zu unterbleiben. Soll die Einwilligung die rechtliche Grundlage sein, muss sie frei sein, d. h., die Verweigerung muss eine realistische Variante bleiben. Sollte es aber so sein, dass die Mitarbeiterdatei rein tatsächlich für manche Diensteinheiten unerlässlich ist, und wird daher die Verweigerung als ein Zeichen der „fehlenden Loyalität" verstanden, dann heißt das nur, dass die Einwilligung gerade keine zulässige Grundlage sein kann, weil die Mitarbeiterdatei eine zwingende Ausgestaltung des Rechtsverhältnisses ist und daher das Gesetz die richtige Rechtsgrundlage wäre. Entweder die Mitarbeiterdatei ist nicht zwingend erforderlich, sondern nur ein ergänzender Weg zur Verfahrensvereinfachung mit Vorteilen für beide Seiten – dann gibt es keinen Grund, Druck auszuüben – oder sie ist zwingend geboten – dann genügt

---

[108] *Däubler*, in: Däubler/Klebe/Wedde/Weichert, BDSG, 2010, § 4a Rn. 26.

die Einwilligung nicht, sondern es ist eine gesetzliche Grundlage erforderlich.

Weiter dürfen im Falle der verweigerten Einwilligung für den Betroffenen keine nachteiligen Folgen eintreten. Nicht zulässige Folgen wären auch solche, die herbeizuführen dem Dienstherrn grundsätzlich möglich wären, die er aber ohne die verweigerte Einwilligung nicht vorgenommen hätte, wie etwa die Umsetzung auf einen von der Beamtin bzw. dem Beamten nicht gewünschten Dienstposten.

c) Kein mittelbarer Druck

Die Verweigerung darf auch nicht zu einer Benachteiligung führen.[109] Unzulässig unter dem Gesichtspunkt der Freiwilligkeit wäre es auch, die Betroffenen zu „belohnen" für den Fall der Abgabe der Einwilligungserklärung bzw. die Gewährung von der Einwilligungserklärung abhängig zu machen. Beispiele für unzulässige Belohnungen wären etwa die Bewilligung von Teilzeitarbeit, Sonderurlaub oder Fortbildungsmöglichkeiten, Zuweisung gewünschter Dienstzeiten, privilegierter Abbau von Mehrarbeit, Billigung gewünschter Freistellung etc., jeweils in Abhängigkeit davon, ob die Einwilligungserklärung erteilt wird oder nicht. Ebenfalls nicht zulässig wäre, den Betroffenen wegen der verweigerten Einwilligung aus dem Organisationsbereich umzusetzen oder diese Frage direkt oder indirekt bei der dienstlichen Beurteilung zu berücksichtigen.

d) Insbesondere: Definition als Eignungskriterien für Dienstposten

Nicht ganz einfach zu klären ist, ob der Dienstherr die Vergabe einer bestimmten Funktion von der vorherigen Einwilligungserklärung abhängig machen darf. Fraglich ist, ob die Ausschreibung einer Funktion unter der Bedingung, dass die Einwilligung erteilt wird, schon unzulässigen Druck darstellen würde. Dies leitet zu der Frage, ob der Dienstherr nicht vielleicht doch die Einwilligung zur Voraussetzung für die Besetzung eines konkreten Dienstpostens machen darf. Zu überlegen wäre, ob es nicht vielleicht Einheiten in der Kriminalpolizei geben kann, die so mit der Kriminaltechnik verbunden sind, dass die Möglichkeit, schnell auf das DNA-Identifikationsmuster zuzugreifen, eine Frage der Eignung für den konkreten Dienstposten darstellt.
Es ist nicht absolut undenkbar, dass die Wahrnehmung einer bestimmten Funktion davon abhängig ist, dass die Betreffende oder der Betref-

---

109 *Simitis*, in: ders. (Hg.), BDSG, 2011, § 4a Rn. 91.

fende Belastungen eingeht, die der Dienstherr ihr oder ihm nicht auferlegen kann, ohne zusätzlich die Einwilligung vorher einzuholen. Dies kann aber, wenn überhaupt, nur bei Konstellationen der Fall sein, bei denen dies unumgänglich ist.

Die vorherige Einwilligung in die Mitarbeiterdatei kann nur bei solchen Einheiten der Polizei eine Bedingung der Eignung sein, die in erhöhtem Maße mit den DNA-Analysevorgängen zu tun haben. Gerade bei diesen Einheiten wiederum besteht aber rein tatsächlich wohl die Möglichkeit, das Hinterlassen von Spuren zu vermeiden. Die Spezialeinheiten sind besonders geschult und technisch besonders ausgestattet, die Tatorte nicht zu verunreinigen. Eine Sonderpflicht für die Angehörigen der Spezialeinheiten zur Abgabe der Einwilligung ist rechtlich überhaupt nur dann denkbar, wenn signifikant in besonderer Weise eine höhere Häufigkeit der Verunreinigung der Tatorte von diesen Mitarbeitern ausgeht. Dies ist dem obigen Sachverhalt nicht entnehmen. Es liegt auch nicht nahe. Vielmehr ist wahrscheinlicher, dass Beamtinnen und Beamte aus anderen Diensteinheiten, die den Diensttatort als Erstes betreten, ohne die Bedeutung der Spurenreinheit gleich zu erfassen, Spuren hinterlassen.

Solange daher nicht rein tatsächlich sichergestellt ist, dass die Abgabe einer Einwilligung essenziell notwendig ist zur Erfüllung der Aufgaben der Spezialeinheiten, kann die Abgabe der Einwilligung nicht als Eignungsvoraussetzung der Funktion vorgesehen werden.

Der Dienstherr kann nicht ganze Abteilungen des Tätigkeitsfeldes der Polizei davon abhängig machen, ob der Betroffene eine entsprechende Einwilligung abgibt oder nicht. Dies gilt zumindest dann, wenn die Einwilligung nicht zusätzliche Schutzwirkungen für den Betroffenen entfalten, sondern vielmehr eine fehlende gesetzliche Grundlage ausgleichen soll. Entweder der Dienstherr ist der Auffassung, das Tätigwerden im Bereich der Kriminalpolizei sei nur effektiv möglich, wenn die DNA-Identifizierungsmuster der betroffenen Beamtinnen und Beamten in einer Mitarbeiterdatei gespeichert sind – dann soll er auch die gesetzliche Grundlage dafür schaffen. Oder der Dienstherr ist der Auffassung, die Tätigkeit in der Kriminalpolizei erfordere nicht zwingend die Aufnahme der Daten in eine Mitarbeiterdatei – dann darf diese Entscheidung auch nicht durch organisatorische Maßnahmen unterlaufen werden, indem nur Beamtinnen und Beamte mit vorherig abgegebener Einwilligung in die Kriminalpolizei versetzt werden.

Daher darf die Abgabe der Einwilligung weder in der Ausschreibung für konkrete Funktionen noch als Eignungskriterium berücksichtigt werden. Sie kann auch nicht in zulässiger Weise in die Beurteilung der Beamtinnen und Beamten einfließen.

e) Schutzpflicht des Dienstherrn

Angesichts des strengen Maßstabes, der hier anzulegen ist, muss sich der Dienstherr selbst nicht nur jeglicher eigener Beeinflussung, die die Freiwilligkeit belastet, enthalten, sondern auch dafür Sorge tragen, dass nicht andere auf den Beamten Einfluss nehmen. Zentral für die Frage der Einwilligung ist dabei, dass der Dienstherr den Umstand, dass die Abgabe freiwillig erfolgt, nicht dem Zufall überlässt und absehbare Gefährdungen der Freiwilligkeit durch Dritte sicher ausschließt. Nicht entscheidend ist, dass der Dienstherr normativ keine Umstände schafft, die die Freiwilligkeit ausschließen, sondern dass er normativ Umstände schafft, die die Freiwilligkeit sicherstellen. Er muss daher im Rahmen der allgemeinen Richtlinien für die Mitarbeiterdatei verbindlich für die Personen, die für die Einholung der Einwilligung zuständig sind, festlegen, dass jegliche Form der Ausübung von Druck unzulässig ist und dem Betroffenen klargemacht wird, dass die Einwilligung wirklich freiwillig zu erteilen ist und daher ohne jede Form der Benachteiligung verweigert werden kann. Dem Sachverhalt ist nicht zu entnehmen, ob den relevanten Grundsätzen diese Sicherung zu entnehmen ist. Sollten sie bisher fehlen, wären sie zwingend aufzunehmen.

2. Regeln für den Fall der Verweigerung

a) Klärung der Regelung im Falle einer Verweigerung

Die Einwilligung muss auch verweigert werden können, sonst ist sie nicht freiwillig.[110] Die Verweigerungsmöglichkeit darf dabei nicht nur hypothetisch sein, sondern muss eine plausible Verhaltensalternative darstellen. Von Freiwilligkeit bei der Einwilligung kann man weiter nur dann sprechen, wenn der Betroffene realistisch die Möglichkeit besitzt, die Einwilligung auch zu verweigern.[111] Dabei muss klar sein, was gilt, wenn die Einwilligung verweigert wird. Hat der Dienstherr keine konkreten Vorstellungen, in welcher Weise die Probleme, zu deren Lösung die Mitarbeiterdatei erstellt wird, in den Fällen gelöst werden sollen, in denen die Einwilligung nicht vorliegt, würde dies verdeutlichen, dass der Dienstherr eigentlich von einer flächendeckenden Abgabe der Einwilligung ausgeht. Eine ausnahmslose Abgabe der Einwilligung bei einer Datei mit dieser Belastungswirkung kann man aber als unrealistisch ausschließen. Eine flächendeckende Abgabe ist daher ein starkes Indiz für eine fehlende tatsächliche Freiwilligkeit. Nur wenn ein Alternativprogramm bei fehlen-

---

[110]   *Simits*, in: ders. (Hg.), BDSG, 2011, § 4a Rn. 89.

[111]   Klar *Menzel*, DuD 2008, 400, 407.

dem Einverständnis existent ist und dem Betroffenen dies vor der Einwilligung auch bekannt ist, kann Freiwilligkeit gegeben sein.

Der Dienstherr muss sicherstellen, dass die Betroffenen wissen, dass ihnen durch die Verweigerung der Einwilligung keine rechtlichen Nachteile drohen, weder hinsichtlich der Frage der dienstlichen Beurteilung noch hinsichtlich der Frage der künftigen Verwendungen, noch hinsichtlich sonstiger Fragen. Die Betroffenen müssen erfahren, dass sie rechtlich zur Abgabe der Einwilligung nicht verpflichtet sind. Sie haben auch zu erfahren, dass es nicht Bestandteil ihrer Fürsorgepflicht ist, in die Mitarbeiterdatei einzuwilligen.

Es ist nicht bekannt, ob in den niedergelegten allgemeinen Regeln der Mitarbeiterdatei auch der Fall beschrieben ist, dass ein Betroffener die Einwilligung verweigert. Dies ist dringend geboten. Sollte der Fall der Einwilligungsverweigerung nicht ausdrücklich geregelt sein, sondern sollte der Dienstherr diesen Fall ungeregelt lassen, überlässt er es den Dienststellen selbst, in welcher Weise sie die Beamten über die Folgen einer fehlenden Einwilligung aufklären. Gibt der Dienstherr aber nicht selbst vor, was im Falle einer fehlenden Einwilligung eintreten soll, muss er sich das Verhalten aller seiner Bediensteten in diesem Fall zurechnen lassen.

b)   Mögliche Folgen einer Verweigerung

Da das Alternativprogramm dem Sachverhalt nicht zu entnehmen ist, liegt es nahe, verschiedene naheliegende Alternativmodelle zu betrachten.

aa) Verweigerung des Zugangs zu Tatorten

Die erste Möglichkeit bestünde darin, dass der Dienstherr all den Bediensteten, die keine Einwilligung für die Aufnahme der DNA-Identifizierungsmuster in die Mitarbeiterdatei abgegeben haben, untersagt, Tatorte, die kriminaltechnisch untersucht werden müssten, zu betreten.

Ein solches Alternativmodell wäre allerdings kaum praktikabel. Es ist häufig nicht von vornherein erkennbar, ob bei einer Handlung eine spätere kriminaltechnische Untersuchung der Örtlichkeit erforderlich sein wird oder nicht.

Weiter gehört der Zutritt zu kriminaltechnisch zu untersuchenden Orten zu den alltäglichen Aufgaben der Polizeibeamten, sodass bei diesem Alternativprogramm der Sache nach wesentliche Arbeitsausschnitte, die konkret mit dem funktionalen Amt zusammenhängen, wegen der fehlenden Einwilligung des Betroffenen weggeschnitten werden würden. Der Amtsinhaber hat aber einen Anspruch darauf, amtsangemessen beschäftigt zu werden.[112] Eine teilweise amtsangemessene Beschäftigung genügt eigentlich nicht. Der Dienstherr hat das Rechtsverhältnis gemäß Art. 33 Abs. 5 GG durch Gesetz auszugestalten. Dieser Ausgestaltungspflicht würde er nicht nachkommen, wenn er wesentliche Teile des Beschäftigungsprofils davon abhängig machen würde, ob der Betroffene eine entsprechende Einwilligung abgibt oder nicht. Ausnahmen mögen für kleinere Sonderbereiche denkbar sein. Der Fall des Verbots des Betretens von gegebenenfalls kriminaltechnisch zu behandelnden Orten ist kein kleiner Ausschnitt des Tätigkeitsfeldes eines Polizeibeamten, sodass mit deren Ausschluss nicht nur ein Randbereich betroffen wäre. Historisch war die Verfolgung und Verhinderung von Straftaten die zentrale Aufgabe der Polizei in Bayern.[113]

<u>bb) Untersuchung im Einzelfall</u>

Das zweite mögliche Alternativprogramm bestünde darin, dass bei all den Beamtinnen und Beamten, die einen konkreten Tatort besucht haben, bei dem ein nicht identifizierter DNA-Identifikationscode gefunden wird, im Einzelfall verpflichtet werden, DNA-Identifizierungsmuster abzugeben. Dieses Alternativprogramm setzt voraus, dass die Abgabe der Probe zwecks Gewinnung des DNA-Identifikationscodes auch gegen den Willen des Betroffenen durchgesetzt werden kann, was gem. §§ 81e, 81c StPO der Fall sein dürfte.

<u>cc) Einwilligung als Voraussetzung für den Einsatz in gefährdeten
Bereichen</u>

Die dritte Möglichkeit wäre, nur solche Betroffenen in die Gefahrengruppe aufzunehmen, bei denen die Wahrscheinlichkeit, an Tatorten DNA-Identifikationscodes zu hinterlassen, deutlich größer ist als bei anderen Diensteinheiten. Ein solches Alternativverhalten wäre wie schon erwähnt (s. o. S. 84) im Ergebnis rechtlich nicht zulässig.

3. Zwischenergebnis

Nur wenn der Dienstherr normiert und vorgibt, was im Fall einer Verweigerung gelten soll, kann man von einer Einwilligung sprechen. Ob es eine solche Normierung im Bereich der Grundlagen der Mitarbeiterdatei gibt, ist dem Sachverhalt nicht zu entnehmen.

---

[112]   BVerfGE 47, 411; *Battis*, in: Sachs, GG, 6. Aufl. 2011, Art. 33 Rn. 73.

[113]   *Mößle/Wolff*, in: Gallwas/Mößle/Wolff, Polizeirecht, 2004, Rn. 6; *Sommer*, Sicherheitsgesetz, 1995, S. 13 ff.

III. Anforderung an die Informiertheit der Einwilligung

1. Der konkretisierte Maßstab

Der Betroffene kann in die Verwendung seiner Daten im Zusammenhang einer Mitarbeiterdatei wie oben allgemein nur dann wirksam einwilligen, wenn er die wichtigsten Grundlagen der Verarbeitung kennt. Das Gesetz nennt in Art. 15 Abs. 2 BayDSG Kenntnis der Zweckbindung (also auch Verwendungszweck) und Kenntnis der Übermittlungsmöglichkeiten. Aus dem Begriff der Einwilligung wird man in vorliegendem Fall aber auch Kenntnis der Zugriffsvoraussetzungen, Zugriffsberechtigten, Zugriffssituationen, Nutzungsmöglichkeiten, Verarbeitungsregeln, Zweckentfremdungsmöglichkeiten und Widerrufsmöglichkeiten verlangen müssen. Weiter muss der Betroffene die Folgen einer Verweigerung kennen. Insofern bedarf es nicht nur aus dem Gesichtspunkt der Freiwilligkeit der Einwilligung, sondern auch aus dem Gesichtspunkt der Informiertheit der Einwilligung der Kenntnis über die Richtlinien zur Erstellung der Datei.

Schließlich muss er die Möglichkeit des jederzeitigen Widerrufs kennen und auf die Folgen des Widerrufs hingewiesen werden.

2. Die Frage der Einhaltung durch die Praxis

Nach dem oben geschilderten Sachverhalt ist schon unklar, welches Alternativverhalten auf den Betroffenen für den Fall zukommt, dass er die Einwilligung nicht erklärt. Es ist daher erst recht unklar, ob der Betroffene die Folgen selbst kennt. Ob bei der Abgabe der Einwilligung der Betroffene über die Existenz des § 81e Abs. 1 S. 3 StPO i. V. m. § 81c StPO aufgeklärt wird oder nicht, ist dem Sachverhalt nicht zu entnehmen. Eine Aufklärung über die bestehenden gesetzlichen Möglichkeiten sollte aber vorgenommen werden.

Weiter ist unklar, wie weit ihm die Verarbeitungsregeln im Augenblick der Einwilligung bekannt sind. Da diese nicht veröffentlicht sind, kann die Kenntnis davon nicht unterstellt werden. Da nicht anzunehmen ist, dass im Augenblick der Einwilligung umfangreiche Darstellungen in jedem Fall gelesen werden, liegt es nahe, zunächst die wichtigsten Regeln knapp darzustellen und die Möglichkeit zu schaffen, auf Nachfrage zu vertiefen.

IV. Anforderung an die Bestimmtheit

1. Der konkretisierte Maßstab

Angesichts der Belastungen, die von der Datei ausgehen, sind an die Bestimmtheit der Einwilligungserklärung strenge Anforderungen zu stellen. Die Einwilligungserklärung muss deutlich werden lassen, dass die Betroffenen wissen, wozu sie eingewilligt haben. Die Einwilligungserklärung muss insbesondere umfassen:

- die Bezeichnung der betroffenen personenbezogenen Daten;
- die Zulässigkeit der Einstellung in die Datei;
- die Zweckbestimmung der Datei;
- die zulässigen Verarbeitungsschritte einschließlich der Erklärung der sicheren Vernichtung des codierenden Teils der DNA;
- die Zugriffsberechtigungen;
- die zulässigen Übermittlungsfälle, d. h., wann an wen übermittelt werden darf;
- die technisch-organisatorischen Maßnahmen zur Datensicherheit während des gesamten Verarbeitungsprozesses.

2. Die Frage der Einhaltung durch die Praxis

Ob die Einwilligungserklärungen, die in Bayern eingeholt werden, diese Voraussetzungen erfüllen, ist offen. Der Inhalt der tatsächlichen Einwilligungserklärung bildet einen der zentralen Pfeiler für die Zulässigkeit der Mitarbeiterdatei. Mit dem Vorliegen einer ausreichend bestimmten Einwilligungserklärung steht und fällt die rechtliche Zulässigkeit der Mitarbeiterdatei. Angesichts der enormen Belastungswirkung darf daher keine Vermutung zugunsten des Dienstherrn greifen, dass die Einwilligungserklärung schon den rechtlichen Anforderungen genügen wird. Vielmehr muss der Dienstherr die hinreichend bestimmte Einwilligungserklärung in jedem Einzelfall vorlegen können.
Die wesentlichen Inhalte müssen sich aus der Erklärung selbst ergeben. Ein Verweis auf allgemeine Geschäftsbedingungen oder die Errichtungsanordnung in pauschaler Form genügt nicht.

V. Anforderung an die Form

Von der Einhaltung der Schriftform wird ausgegangen.
Ob die Einwilligungserklärungen allerdings wirklich in allen Fällen schriftlich eingeholt werden, ist dem obigen Sachverhalt nicht zu entnehmen.

Angesichts der Belastungen, die von der Mitarbeiterdatei ausgehen, trifft dabei den Dienstherrn die uneingeschränkte Beweislast für die Belegung der Schriftform. Gründe, ausnahmsweise von der Erfordernis der Schriftform abzusehen und andere Formen zuzulassen, sind nicht ersichtlich. Andere Formen der Einwilligung (elektronische, mündliche etc.) dürften nicht ausreichen.

Fraglich ist, ob die Erklärung die Anforderungen an die Einwilligung in die Verarbeitung von sensiblen Daten i. S. v. Art. 15 Abs. 7 BayDSG erfüllen muss. Das DNA-Identifikationsmuster wird selbst keine Daten über ethnische Herkunft, Gesundheit oder Sexualleben enthalten. Allerdings würden Daten aus dem codierten Teil zumindest als Daten über die Gesundheit zu verstehen sein. Diese sollen aber gerade nicht erhoben werden. Daher dürfte wohl Art. 15 Abs. 7 BayDSG nicht anzunehmen sein, allerdings ist auch hier eine andere Ansicht gut vertretbar.

VI. Eingrenzung der Belastungswirkung

Die Anforderungen an die Freiwilligkeit, Informiertheit und Bestimmtheit der Einwilligung bzw. Einwilligungserklärung erfassen nicht abschließend den Umstand, dass die Zulässigkeit der Einwilligung auch davon abhängt, dass die von der Mitarbeiterdatei ausgehende Belastung durch die Verfahrensausgestaltung beeinflusst werden kann und hier erhebliche Schutzmechanismen zugunsten des Betroffenen greifen, wie insbesondere das Gebot der Pseudonymisierung, die in irgendeiner Weise auch in die Einwilligung einbezogen werden müssen.

1. Bindung an Verfahrenssicherung

a) Erfordernis der Verfahrensbindung

aa) Gebotene Regelung

Die Einwilligung in datenschutzrechtlich sensible Bereiche wie den vorliegenden kann nur dann eine ausreichende Grundlage bilden, wenn die Belastung verfahrensmäßig so ausgestaltet ist, dass unnötige Belastungswirkungen ausgeschlossen werden und die Datei streng an den sie rechtfertigenden Zweck gebunden ist. Es bedarf daher der Regelung folgender Bereiche:

– Festlegung des Zwecks der Datei;

– Ausschluss der Zweckentfremdung der Daten;

– Festlegung der Zugriffsberechtigten (Berechtigungskonzept);

- Festlegung des Verfahrens bei einem Zugriff (insbesondere Proto-kollierung);
- Klarstellung, was passiert, wenn der Betroffene aus dem Beamten-rechtsverhältnis oder dem Beschäftigtenverhältnis ausscheidet, das Grund für die Aufnahme war;
- Vorgaben, was im Falle eines Treffers gilt;
- Auskunftsansprüche des Betroffenen über den Umfang der Speiche-rung;
- Dokumentation der Zugriffe auf personenbezogene Daten (s. o.);
- technische Absicherung vor unzulässigen Zugriffen.

bb) Vorhandene Sicherungen

Nach der Sachverhaltsschilderung sind einige dieser Verfahrenserforder-nisse erfüllt. Es ist klargestellt, dass die Daten nur für den Abgleich nicht zugeordneter DNA-Identifikationscodes bei Tatorten verwendet werden dürfen. Weiter ist der Anlass des Zugriffs deutlich umschrieben. Die Anzahl der Zugriffsberechtigten ist beschränkt. Eine erhebliche Reduzie-rung der Missbrauchsgefahr ist dadurch gegeben, dass die Daten in der Datei selbst nur pseudonymisiert gespeichert werden. Die Depseudony-misierung ist dezentral und nur bestimmten Personen zugeordnet.

cc) Unklare Aspekte

Auch wenn die Verfahrensausgestaltung im Kern wichtige Garantien auf-weist, heißt das nicht, dass nicht einige Ausgestaltungsfragen nicht ganz eindeutig zu beantworten sind. Von deren Antwort hängt aber auch die Frage ab, ob die Einwilligung eine wirksame Basis bilden kann. Gemeint sind folgende Gesichtspunkte.

aaa) Errichtungsanordnung

Unklar ist zunächst, ob eine förmliche Errichtungsanordnung besteht. Sollte sie nicht bestehen, wird man sie fordern müssen. Es ist kein Grund ersichtlich, warum diese Fixierung der Verarbeitungsgrundsätze, die der Gesetzgeber bei gesetzlich errichteten Dateien aus den Gründen der Rechtsstaatlichkeit fordert,[114] bei einer auf Einwilligung beruhenden Datei entfallen soll. Zentral ist hierbei die konkrete und abschließende Zweckbestimmung der Mitarbeiterdatei.

bbb) Löschung bei Ausscheiden des Betroffenen aus dem Dienst

Wie erwähnt, ist nicht bekannt, ob die Daten gelöscht werden, wenn der Betroffene aus dem Dienst ausscheidet, ohne die Löschung ausdrücklich

---

114   *Petri*, in: Lisken/Denninger (Hg.), Handbuch, H, Rn. 372.

zu verlangen. Da die Einwilligung an das jeweilige Beschäftigungsverhältnis gebunden ist, sollte eine solche Pflicht vorgesehen werden.

ccc) Depseudonymisierung

Hohe Anforderungen sind auch an die Ausgestaltung der Stelle zu stellen, die den Zahlencode einem konkreten Mitarbeiter zuordnet. Für bestimmte Bedienstete bildet der Umstand, dass deren Zahlencode dieser Stelle gemeldet wird, allein schon ein Indiz für unsaubere Arbeit. Es bedarf keiner Fantasie, um sich vorzustellen, dass Meldungen des Treffers an die Depseudonymisierungsstelle allein schon ein schlechtes Licht auf die betreffenden Bediensteten werfen können. Arbeiten zwei Techniker in der kriminalistischen Sondereinheit, die Tatorte untersucht, und hinterlässt der eine regelmäßig Spuren, der andere nicht, wäre es nicht überraschend, wenn dieser Umstand bei Kenntnis des Dienstvorgesetzten in die dienstliche Beurteilung einfließen würde. Der Einfluss würde dann aller Wahrscheinlichkeit nach dabei nicht ausdrücklich so formuliert werden, dass man den Grund der Einschätzung erfährt, vielmehr würde sich aller Wahrscheinlichkeit nach die Einschätzung finden, dass die Arbeitsweise des Betroffenen von einer gewissen Sorglosigkeit geprägt sei.

Diese nachteiligen Folgen sind dabei keine zwangsläufigen Folgen für schlampiges Arbeiten am Dienstort. Hätte der unvorsichtig vorgehende Mitarbeiter keine Einwilligung erteilt, würden die von ihm stammenden Spuren ihm nur über das Verfahren gemäß § 81e Abs. 1 S. 2 i. V. m. § 81c StPO zugeordnet werden können. Dieses Verfahren ist deutlich aufwendiger und muss zudem nicht notwendig in gleicher Weise durch die Einbindung der Dienststelle erfolgen, sodass die Wahrscheinlichkeit, dass unsorgfältiges Arbeiten der Dienststelle bekannt wird, bei einem Mitarbeiter, der keine Einwilligung erteilt hat und demnach nicht in der Mitarbeiterdatei gespeichert ist, deutlich geringer ist als bei dem Mitarbeiter, der seine Einwilligung erteilt hat.

Es bedarf kaum einer ausdrücklichen Erwähnung, dass der Zweck, zu dem die Mitarbeiterdatei zulässigerweise errichtet werden darf, nicht den Umstand trägt, dass der Dienstherr die Sorgfältigkeit der Arbeitsausführung des kriminaltechnischen Personals leichter beurteilen kann. Will der Dienstherr Informationen für die Qualität der Arbeit der Bediensteten erlangen, muss er dies in einer Weise tun, die für alle Bediensteten gleich gelten und daher nicht von der Einwilligung der Einzelnen abhängig ist.

Der Dienstherr muss daher bei der verfahrensmäßigen Ausgestaltung Sorge dafür tragen, dass der Umstand, dass der Zahlencode gemeldet wird, keine nachteiligen Folgen für den Betroffenen haben kann. Es muss zwischen der Stelle, die den Zahlencode depseudonymisiert, und der Stelle, die über das persönliche Fortkommen und sonstige dienstliche Entscheidungen des Betroffenen entscheidet, eine deutliche Trennung bestehen. Sicherungen dieser Art würden etwa voraussetzen, dass die zur Depseudonymisierung zulässige Stelle räumlich und personell deutlich von den Stellen, die dienstliche Weisungen erteilen dürfen, getrennt ist. Weiter müssen strenge Vertraulichkeits-, Hinweis- und Sanktionspflichten für den Fall der Verletzung eingeführt werden. Auch eine Beteiligung des Personalrates oder die Hinzuziehung einer Vertrauensperson für den Betroffenen im Falle der Befragung, wie es zu dem Treffer kommen kann, sind erwägenswert.

ddd) Sanktionierung

Ein zentrales Problem einer Mitarbeiterdatei mit dem DNA-Identifikationscode, die auf einer Einwilligung beruht, besteht darin, dass ab dem Moment der Erteilung der Einwilligung und Einspeisung des DNA-Identifikationscodes in die Datei der Betroffene zum großen Teil darauf vertrauen muss, dass die verantwortliche Stelle die rechtlichen Bindungen auch einhalten muss. Berücksichtigt man die Eigendynamik der Situationen, um die es hier geht, kann die Einhaltung der rechtlichen Bindung nicht ohne rechtliche Sicherungen gewährleistet werden. Geht es um die Aufklärung spektakulärer Straftaten, stehen die beteiligten Ermittlungsbehörden unter hohem Druck aus unterschiedlicher Richtung, sowohl von der Öffentlichkeit als auch von der Politik, von der Staatsanwaltschaft, von den Vorgesetzten, von den Kollegen bis hin in den familiären Kreis. In solchen Drucksituationen zählt zunächst der Gedanke der Effizienz und weniger der Gedanke des Datenschutzes. Ist der Missbrauch zudem nur schwer nachweisbar, ist es nicht ausgeschlossen, dass die Daten im Einzelfall in großer Ermittlungsnot über die Zweckbindung der Einwilligungserklärung hinaus verwendet werden.

Dem Sachverhalt ist beispielsweise nicht zu entnehmen, ob es bisher etwa zu einem Abgleichen der Mitarbeiterdatei mit anderen DNA-Datenbanken wie etwa mit der europäischen Datenbank gekommen war, in denen DNA-Identifikationsmuster von ungeklärten Ermittlungsverfahren abgeglichen wurden. Das Land Rheinland-Pfalz stellt dies ausdrücklich klar. Ohne einen ausdrücklichen Bezug in der Einwilligung auf diesen Abgleich wäre dieser rechtlich unzulässig. Der Abgleich mit der DNA-Analyse-Datei beim BKA (s. o. S. 23) bedarf einer ausdrücklichen Einwilligung. Auch ist unklar, ob z. B. die von dem Einwilligenden gewollte Beschränkung der Verwendung des DNA-Identifikationscodes nur für Fälle aus dem räumlichen Bereich seiner Dienststelle eingehalten wurde. Ist die Einwilligung erkennbar in dem Glauben erteilt worden, sie werde nur für Fälle aus dem Zuständigkeitsbereich der Dienststelle verwendet, darf sie nicht darüber hinaus verwendet werden. Aber ob dies wirklich eingehalten wird, lässt sich schwer sagen. Es ist nicht ersichtlich, ob der Betroffenen ersehen kann, ob es zu Missbrauchsfällen kommt oder nicht – er hat offenbar nur die Chance zu vertrauen, dass alles schon rechtmäßig verlaufe.

Eine verfahrensrechtliche Absicherung der Mitarbeiterdatei verlangt daher eine Selbstvergewisserung des Dienstherrn, welche Sanktionsmöglichkeiten für diejenigen, die gegen die rechtlichen Kautelen der Datei verstoßen, möglich sind. Weiter liegt es nahe, diejenigen, die mit der Datei in Berührung kommen, auf diese rechtlichen Sanktionen hinzuweisen und sie darüber zu belehren, damit bei ihnen nicht der Eindruck entsteht, Verletzungen gegen die rechtlichen Bindungen der Verwendungsmöglichkeit hätten für sie persönlich keine Nachteile. Es ist nicht bekannt, ob der Dienstherr bei den bisher existierenden Mitarbeiterdateien erstens selbstständig prüft, ob es zu Verletzungen kommt, und zweitens sich über die Sanktionsmöglichkeiten Gedanken gemacht hat und drittens die betroffenen Mitarbeiter darüber aufgeklärt hat.

Die potenziellen Sanktionen sind abstrakt leicht zu bezeichnen. Sie können in der Verwirklichung eines Dienstvergehens bestehen, mit entsprechenden Folgen, sowohl hinsichtlich der Beförderung als auch der Frage der dienstlichen Notwendigkeit einer Umsetzung, des Einflusses auf die dienstliche Beurteilung, Einfluss auf das Aufsteigen in den Erfahrungsstufen bis hin zur Einleitung eines Disziplinarverfahrens. Daneben besteht die Möglichkeit der Verwirklichung eines Ordnungswidrigkeitentatbestands und eines Straftatbestands. Drittens schließt sich die selbstständige Möglichkeit eines zivilrechtlichen Schadenersatzanspruchs des Geschädigten an. Wann diese Möglichkeiten im Einzelfall aber erfüllt sind, kann streitig sein. Daher ist es sinnvoll, dass der Dienstherr klarstellt, welche Folgen konkret bei der Verletzung welcher verfahrensrechtlichen Bindungen eintreten. Nahe läge auch, den Dienstherrn dazu zu verpflichten, dem Parlament oder der Personalvertretung über das Ausmaß der Verletzungen der Schutzvorschriften bei der Mitarbeiterdatei zu berichten.

eee) Protokollierung

Wie genau die Dokumentation von Zugriffen auf die Datei erfolgt, ist unklar. Es ist nicht sicher, ob eine strenge Dokumentationspflicht für den Zugriff besteht oder nicht. Auch hinsichtlich der Protokollierung sind die gleichen Besonderheiten zu beachten, die gerade im Zusammenhang mit der Sanktionierung angesprochen wurden. Das Problem der Mitarbeiterdatei besteht darin, dass die Verwendungsmöglichkeiten der DNA-Identifikationsmuster enorm groß sind und die Einflussmöglichkeit auf die Datenverarbeitung gering ist. Der Betroffene muss gewissermaßen auf die Rechtmäßigkeit der Datenverarbeitung vertrauen. Dies ist angesichts der Verlockungen, die von einer systematischen und elektronischen DNA-Identifikationsdatei ausgehen, kein glücklicher Ausgangspunkt. Die gerade genannten denkbaren Missbrauchsfälle (Abgleich mit der europäischen DNA-Datei/Missachtung der regionalen Begrenzung) bestätigen dies. Die Kontrollmöglichkeiten der Datenverarbeitungen im Zusammenhang mit elektronischen Dateien erhöhen sich enorm, wenn eine abschließende Protokollierung der Zugriffe auf die Datei angeordnet und durchgeführt wird. Protokollierungspflichten sind datenschutzrechtlich offensichtlich zweischneidig. Einerseits ermöglichen sie die Kontrolle des Zugriffs auf die Datei, andererseits erhöhen sie das Datenvolumen und die Missbrauchsmöglichkeiten um ein Vielfaches. Im Zusammenhang mit Dateien, die eine Identifikation von Personen im Zusammenhang mit Strafrechtsverfahren erlauben, ist aber die situationsabhängige Missbrauchsgefahr so groß, dass die Vorteile einer Protokollierung eindeutig die Nachteile überwiegen. Nicht umsonst sehen gerade die neueren sensiblen Identifikationsdateien, wie etwa die Antiterrordatei des Bundes, eine vollständige Protokollierung der Zugriffsmöglichkeiten vor (§ 9 ATDG). Das BVerfG maß dieser Protokollpflicht erhebliche Bedeutung für die grundsätzliche Zulässigkeit der Antiterrordatei zu. So heißt es:[115]

Der Gesetzgeber hat in § 8 ATDG die Verantwortung für die Datenverarbeitung geregelt, in § 5 Abs. 4, § 9 ATDG eine differenzierte und umfassende Protokollierung aller Zugriffe auf die Datenbank angeordnet und sieht in § 10 Abs. 1 ATDG eine an die föderale Kompetenzverteilung anknüpfende, sachlich nicht eingeschränkte Aufsicht durch die Datenschutzbeauftragten des Bundes und der Länder vor. Diese Regelungen sind Grundlage für eine wirksame Kontrolle, die im Wesentlichen den verfassungsrechtlichen Anforderungen genügt. Dass dabei gemäß § 10 Abs. 1 ATDG in Verbindung mit § 24 Abs. 4 Satz 4 BDSG in besonderen, strikt zu handhabenden Ausnahmefällen eine Auskunft oder Einsicht unter Umständen verweigert werden kann, stellt die Wirksamkeit dieser Befugnisse nicht in Frage. An einer hinreichenden gesetzlichen Vorgabe fehlt es allerdings hinsichtlich des Erfordernisses turnusmäßig festgelegter Pflichtkontrollen. Den Gesetzgeber trifft insoweit eine Nachbesserungspflicht.

Würde der Gesetzgeber eine gesetzliche Grundlage für die Mitarbeiterdateien schaffen und würde er seine Mitarbeiter verpflichten, ihre DNA abzugeben, würde man nicht eine Sekunde daran zweifeln, dass eine umfassende Protokollierung eine Voraussetzung dafür ist, dass man die

---

115   BVerfG, Urteil vom 24.04.2013, 1 BvR 1215/07, juris Rn. 219.

gesetzliche Duldungspflicht für angemessen im Sinne des Grundsatzes der Verhältnismäßigkeit ansehen würde. Verzichtet der Gesetzgeber auf die Schaffung einer gesetzlichen Grundlage und greift die Verwaltung stattdessen auf die Einwilligung des Betroffenen zu, kann dies kein Grund dafür sein, auf die verfahrensmäßigen Absicherungen, die man bei einer gesetzlichen Ausgestaltung verlangen würde, zu verzichten. Dies gilt deshalb, weil die Unbeherrschbarkeit der Datenverarbeitung ab dem Moment der Einstellung in die Datei die rechtliche Belastbarkeit der Einwilligung erheblich relativiert.

Angesichts des Missbrauchspotenzials und der Verwendungsmöglichkeiten der Daten in der Datei sind daher im Ergebnis eine strenge Protokollierung und eine technische Absicherung des Protokollservers zu fordern.

fff)   *Beschränkte Geltungsdauer der Einwilligung*

Eine Frist zur Erneuerung der Einwilligung oder zur Kontrolle der Daten ist nicht vorgesehen. Fraglich ist, ob eine solche Prüfpflicht nach einem gewissen Zeitraum, etwa drei Jahren, zwingend zu fordern wäre.

Bei den Überlegungen der Notwendigkeit einer Frist für die Erneuerung der Einwilligung hinsichtlich der Aktualität der Einwilligung greift wieder der gleiche Gedanke, der schon bei der Erörterung der Protokollierung und der Prüfpflichten relevant wurde. Das zentrale Problem bei einer Mitarbeiterdatei, die auf der Einwilligung beruht, liegt in der Gefahr begründet, dass sich die personenbezogenen Daten nach Abgabe der Einwilligung selbstständig machen und die Betroffenen keinen Einfluss mehr auf die weiteren Verarbeitungsvorgänge behalten. Bei Datenverarbeitungen, die auf Einwilligungen beruhen, besteht das generelle Problem, dass zwischen der theoretischen Rechtfertigungsmöglichkeit durch die Einwilligung einerseits und der praktischen Erfassung der konkreten Datenverarbeitung durch die freiwillige Entscheidung des Betroffenen andererseits in der Regel ein großer Unterschied besteht.

Die Einwilligung in der Praxis ist rein tatsächlich häufig nicht so, dass sie die Reichweite besitzt, die ihr bei der rechtlichen Überlegung, ob die Einwilligung eine ausreichende Grundlage sein kann, zukommen müsste. Zwischen Praxis und Theorie besteht oft eine große Diskrepanz. Bei einer elektronischen Datei über ein DNA-Identifikationsmuster darf eine solche Diskrepanz nicht eintreten. Der Dienstherr muss Sorge dafür tragen, dass die Betroffenen hinsichtlich der Reichweite ihrer Einwilligung sich nicht im Irrtum befinden, und er muss Sorge dafür tragen, dass sie eine Korrekturmöglichkeit besitzen, wenn sie sehen, dass sie sich im Irrtum befunden haben.

Die Anforderungen hinsichtlich der Informiertheit der Einwilligung und die Möglichkeit des Widerrufs der Einwilligung bilden zentrale Bausteine zur Erfüllung dieser Pflicht, können alleine aber nicht genügen. Es sind durchaus Fallgestaltungen denkbar, in denen der Betroffene sich über die Reichweite der Einwilligung irrte, sich aber wegen des Irrtums dennoch nicht zum Widerruf durchringen möchte. In diesen Fallgestaltungen muss ihm die Möglichkeit eingeräumt werden, eine Erneuerung der Einwilligung zu unterlassen.

Geht man von einer beschränkten Geltungsdauer der Einwilligung aus, bewältigt man auch das Problem, das mit den Unwägbarkeiten von technischen Entwicklungen verbunden ist. Niemand weiß, was mit den abgegebenen Proben mit der Technik von morgen alles gemacht werden kann. Über die beschränkte Geltungsdauer behält der Betroffene die Steuerbarkeit über seine Daten.

Die Annahme der beschränkten Geltungsdauer der DNA-Identifikationscodes führt auch nicht zu einem Effizienzverlust der Mitarbeiterdatei. Der Zweck der Datei verlangt keine Weitergabe der Dateien an Dritte. Die Daten sind entweder in der Datei enthalten oder sie sind herausgenommen. Durch den jederzeitigen Widerruf kann der Sache nach das gleiche Ergebnis erreicht werden wie durch die Verweigerung der Verlängerung.

Die Beschränkung der Geltungsdauer der Einwilligung auf einen überschaubaren Zeitraum, etwa zwei oder drei Jahre, ist auch sachlich nicht unangemessen. Die gesetzliche Regelung des §§ 81e StPO geht von einem Bezug der Rechtsgrundlage auf das einzelne Verfahren aus. Eine Einwilligung in die Mitarbeiterdatei ermöglicht demgegenüber einen Zugriff in allen Fällen und das über mehrere Jahre.

Eine Wiederholungspflicht in regelmäßigen Abständen verhindert auch, dass der Betroffene die Einwilligung und die Datenspeicherung vergisst. Die Wiederholung hält ihm die Datenverarbeitung im Bewusstsein, was angesichts der Belastungswirkung sinnvoll ist.

Die beschränkte Geltungsdauer mildert auch die Problematik, die schon bei der Sanktionierung und der Protokollierung angesprochen wurde und das daring besteht, die Einflussmöglichkeiten der Betroffenen nach Abgabe der Probe und Einstellung der DNA-Identifikationscode in die Mitarbeiterdatei gering ist.[116] Durch die Anerkennung einer beschränkten Geltungsdauer gewinnen sie zum Teil die Herrschaft über ihre Daten in regelmäßigen Zeitabständen zurück.

Führt man eine Pflicht des Dienstherrn ein, die Einwilligung in regelmäßigen Abständen erneut einzuholen, führt dies auch dazu, dass der

---

[116]   S. o. S. 94 f.

Dienstherr verpflichtet wird, mit den Beschäftigten über die Einwilligung und die Mitarbeiterdatei zu sprechen. Es gibt zahlreiche Personalbetreuungsgespräche, Beurteilungsgespräche und Gespräche aufgrund konkreten Anlasses, die sich auf unterschiedliche Gegenstände beziehen. Es erscheint angesichts der Belastungen, die für das Recht auf informationelle Selbstbestimmung von der Mitarbeiterdatei ausgehen, durchaus angemessen, wenn der Dienstherr mit den Beamten, die eine Einwilligung erteilt haben, bei diesen Gesprächen auch über die Fortgeltung ihres Einverständnisses zur Speicherung ihres DNA-Identifikationsmusters spricht.

Der angemessene zeitliche Rahmen, innerhalb dessen diese Gespräche stattfinden sollten, sollte sich sinnvoll in sonstige Gespräche einfügen. Nahe liegt daher ein Rhythmus von zwei bis drei Jahren. Wird die Einwilligung innerhalb von drei Jahren nicht erneuert, muss ihre rechtliche Wirkung entfallen.

Fraglich ist, wie die Pflicht des Dienstherrn, mit dem Betroffenen über die Verlängerung der Einwilligung zu sprechen, sich zu dem Umstand verhält, dass die Depseudonymisierung nicht von einem Mitarbeiter mit Vorgesetztenfunktionen vorgenommen werden sollte.[117] Für ein sinnvolles Gespräch über die Fortdauer der Einwilligung ist eine Kenntnis, wie oft der Zahlencode des Mitarbeiters abgefragt wurde, aber nicht erforderlich, sodass keine Friktionen zwischen der Forderung der dezentralen Depseudonymisierung und der zentralen Abfrage der Verlängerung der Einwilligung besteht. Es ist durchaus denkbar, dass die Betroffenen die Einwilligung erteilen und nachträglich tiefere Einblicke in die Datenverarbeitung erhalten und dann an ihrer Einwilligung eigentlich nicht mehr festhalten möchten.

ggg) Sicherung der Vorphase

Es ist dem Sachverhalt nicht zu entnehmen, wie es zur Trennung des sensibleren codierenden Teils der DNA von dem weniger sensiblen kommt. Der Dienstherr muss aber sicherstellen, dass bei der Erhebung des DNA-Identifizierungsmusters die nicht benötigten Teile der DNA vernichtet werden. Es ist davon auszugehen, dass bei der Mitarbeiterdatei das gleiche Verfahren angewendet wird, das auch bei § 81c ff. StPO herangezogen wird. Allerdings muss der Dienstherr es sicherstellen und es muss in den zugrunde liegenden Verfahrensregeln ausdrücklich gesichert und kontrolliert werden. Im Falle einer Verletzung muss es angemessene Sanktionen geben.

---

117   S.o. S. 93.

hhh) Betreiber der Mitarbeiterdatei

Dem Sachverhalt nicht zu entnehmen ist, wer die Mitarbeiterdatei betreibt. Es ist davon auszugehen, dass die Datei vom Dienstherrn selbst oder in seinem Auftrag betrieben wird. Eine Abgabe der datenschutzrechtlichen Pflicht an einen Privaten ohne die Sicherungen und Verantwortung der Datenverarbeitung im Auftrag wäre angesichts der Pflichten des Dienstherrn aus dem Beamtenrechtsverhältnis kaum möglich.

b) Bindung der Verfahrenskautelen an die Einwilligung

Dem Sachverhalt ist nicht zu entnehmen, inwiefern die Einwilligungserklärung an diese Verfahrenskautelen gebunden ist. Es ist nicht klar, ob die Verfahrenskautelen geändert werden können, ohne dass die Einwilligung entfällt. Es ist auch unklar, wie sich Veränderungen der Verfahrensausgestaltung auf alte Einwilligungen auswirken.

Angesichts der Sensibilität der Datei wird man verlangen müssen, dass sich die Einwilligung auf die verfahrensrechtlichen Bindungen bezieht, die die Belastung reduzieren sollen. Veränderungen dieser verfahrensrechtlichen Kautelen würden daher die Wirksamkeit der Einwilligung entfallen lassen.

Dies führt bei strenger Handhabung zu einem erheblichen Nachteil für die Praktikabilität der Datei. Sinnvolle Änderungen der Verfahrensausgestaltung wären daher nicht möglich ohne die erneute Einholung aller Zustimmungen von schon gespeicherten Personen. Stützt man die Mitarbeiterdatei aber auf Einwilligungen, ist diese Erschwernis kaum zu umgehen und von der verantwortlichen Stelle hinzunehmen.

Zu überlegen wäre, ob Veränderungen der Verfahrensausgestaltung, die die Belastungswirkung nicht vergrößern, zulässig sind. Eine solche Auslegungsmöglichkeit erscheint praktisch zwar sinnvoll, mit der Dogmatik der Einwilligung aber nur schwer vertretbar. Zugelassen werden könnte dies wenn überhaupt nur dann, wenn den Betroffenen die Möglichkeit bleibt, wegen dieser Änderungsmöglichkeit nun aber ihre Einwilligung zurückzuziehen. Dies setzt voraus, dass sie von der Änderung erfahren. Änderungen der Verfahrensausgestaltung im Vergleich zum Zeitpunkt der Einwilligung könnten allenfalls dann zugelassen werden, wenn sie allen gespeicherten Personen verbindlich bekannt gemacht würden und diese eine realistische Chance haben, für den Fall, dass sie mit den Veränderungen nicht einverstanden sind, ihre Einwilligung zu widerrufen. Aber auch diese Variante der informierten Widerrufsmöglichkeit stellt der Sache nach einen Bruch mit dem Gedanken der Einwilligung dar, der wenn überhaupt nicht weit trägt und allenfalls geringfügige Verfahrensänderungen rechtlich rechtfertigen kann. Näher liegt es, von diesem konkludenten Korrekturspielraum des Dienstherrn abzusehen und keine Änderungen zuzulassen. Geht man wie hier davon aus, die Einwilligung müsse wegen der Belastungswirkung regelmäßig erneuert werden, kann man Änderungen zumindest längerfristig auch durchsetzen, weil man die erneuerte Einwilligung auf die Änderung beziehen kann.

c) Stufen der Verfahrensbindung

Weiter wäre zu prüfen, welche Anforderungen an die Normqualität der Verfahrensbindungen zu stellen sind. Es gibt zwei Möglichkeiten. Die eine Möglichkeit ist, dass man die Verfahrensregelungen zum Gegenstand der Einwilligungserklärung macht. Dann wären sie Bestandteil der Erklärung und hätten keine von der Erklärung abweichende Rechtsform. Dies würde selbstverständlich voraussetzen, dass dem Betroffenen die Verfahrensausgestaltung vorliegt und der Einwilligungserklärung beigefügt wird.

Will man Änderungen der Verfahrensausgestaltung zulassen, ist unumgänglich, dass man die Verfahrensausgestaltung auch als selbstständigen Normkörper schafft. In diesem Fall ist unklar, ob dieser Normkörper in Form von Verwaltungsvorschriften zulässig ist oder ob es Rechtsverordnungen sein müssen. Wenn die Regeln zur Verfahrensausgestaltung mit der Einwilligung verbunden sind, erscheint eine selbstständige Grundlage in Rechtsnormform, d. h. in Form eines Außenrechtssatzes, nicht zwingend erforderlich.

2. Widerrufsmöglichkeit

Neben der Verfahrenssicherung kommt im vorliegenden Fall der Möglichkeit des jederzeitigen Widerrufs erhebliche Wirkung für die Abmilderung der Belastung zu.

Ob es für die Freiwilligkeit der Einwilligung notwendige Voraussetzung ist, dass der Betroffene die Einwilligung jederzeit zurückrufen kann, bedarf keiner generellen Beantwortung. In einer Konstellation, in der die Einwilligung sich auf die Aufnahme von Daten in eine Datenbank bezieht und den Zweck besitzt, künftige unbekannte DNA-Identifikationscodes mit der Datenbank abzugleichen, kann von Freiwilligkeit nur dann die Rede sein, wenn der Betroffene jederzeit die Herrschaft hat, seine Daten aus der Datei wieder herauszuholen. Ohne eine jederzeitige Widerrufsmöglichkeit wäre die Freiwilligkeit nicht gegeben. Die Wirkung des Widerrufs bezieht sich auf die Zukunft.

Nach dem vorliegenden Sachverhalt ist aber die Freiwilligkeit vollständig gewahrt, da der Betroffene jederzeit seine Einwilligung frei widerrufen kann. Für die Freiwilligkeit des Widerrufs gelten die gleichen Grundsätze wie für die Freiwilligkeit der Erklärung. Die Möglichkeit des Widerrufs muss rechtlich bindend in die Erklärung der Einwilligung einbezogen werden.

3. Umfang der erfassten Personen

Dem Sachverhalt nicht eindeutig zu entnehmen ist der Aspekt, ob der Umfang der Datei insgesamt nicht weiter geht als erforderlich oder seinen Zweck verfehlt.

Es könnte durchaus sein, dass eine Vielzahl von Daten gespeichert wird, die niemals benötigt werden. Unterstellt man einmal, dass das Verhältnis von gespeicherten Daten zu erfolgreichen Abfrageversuchen bei der Mitarbeiterdatei deutlich ungünstiger ist als bei anderen Ermittlungsdatenbanken, stellt sich die Frage, wie sich dies auf die Einwilligung auswirken würde.

Aus der Sicht des Betroffenen ergibt sich die Notwendigkeit einer solchen generellen Erforderlichkeitsprüfung zunächst nicht. Der Betroffene kann selbst entscheiden, ob die Wahrscheinlichkeit, dass von ihm Spuren an Tatorten gefunden werden, relevant genug ist, also dass für ihn die Einwilligung im Voraus weniger belastend ist als die Einwilligung jeweils im Einzelfall bzw. die DNA-Analyse auf der Basis der gesetzlichen Regelung, für den Fall, dass ein von ihm besuchter Tatort unbekannte DNA-Identifikationscodes enthält. Eine Unzulässigkeit einer DNA-Datei, bei der die enthalten Informationen auf die Einwilligung der Betroffenen zurückgehen, wegen einer Unverhältnismäßigkeit des Umfanges der gespeicherten Daten würde sich daher allenfalls bei ganz extremen Ausnahmefällen begründen lassen.

Aus einem anderen Blickwinkel sieht die Antwort allerdings anders aus. Die Frage, in welcher Weise die Datei dem Dienstherrn Vorteile bringt, ist für die Frage, ob es ausnahmsweise zulässig ist, Datenverarbeitung im Abhängigkeitsverhältnis und im Über-Unterordnungs-Verhältnis neben bestehenden gesetzlichen Grundlagen zuzulassen, erheblich (s. o. S. 59). Sollte die Datei daher im Umfang voluminöser sein als für die Erreichung der Zwecke, den Ausschluss von Trugspuren zu ermöglichen, würde die Rechtfertigung, weswegen der Staat auf die Einwilligung zugreift und keine gesetzliche Grundlage schafft, entfallen.

VIII. Zwischenergebnis

Wenn der Dienstherr rechtlich verbindlich sicherstellt, dass die Einwilligung freiwillig und informiert und hinreichend konkret abgegeben wird, die Verfahrenssicherungen rechtlich bindend zugesagt werden und die Einwilligung eine beschränkte zeitliche Dauer erhält, erscheint die Errichtung einer DNA-Mitarbeiterdatei auf der Basis einer Einwilligung nicht ausgeschlossen.

G. Besonderheiten für die Beschäftigten bei Zulieferfirmen

Diese Untersuchung wurde von der DPolG Bayern e. V. in Auftrag gegeben. Daher setzt sie den Schwerpunkt der Betrachtung aus der Sicht der Beamtinnen und Beamten.

Der Einbezug der Firmen, die bei der technischen Auswertung der DNA beteiligt sind, in die Mitarbeiterdatei wirft aber zusätzlich spezifische Probleme auf, die kurz angerissen werden sollen.

So stellt sich insbesondere die Frage, ob der Freistaat Bayern in den Verträgen mit diesen Unternehmen verlangen kann, dass nur Personen, die eine Einwilligung abgegeben haben, in den Verarbeitungsprozess der Proben eingeschaltet werden dürfen.

Diese strukturelle Situation ist nicht neu. So kommt es in der Praxis schon gegenwärtig vor, etwa bei der sogenannten Akkreditierung von Gewerbetreibenden bei Großereignissen, wie Fußballweltmeisterschaften, G8-Gipfeln und vergleichbaren Veranstaltungen. Möchten Gewerbetreibende Leistungen innerhalb einer Sicherheitszone erbringen, erhalten sie den Zuschlag von den öffentlichen Veranstaltern nur, wenn das Landeskriminalamt und der Verfassungsschutz die Zulässigkeit der Veranstalter und der von ihnen eingesetzten Personen überprüfen darf. Die datenschutzrechtliche Wirksamkeit des Einverständnisses der Beschäftigten der Catering-Unternehmen zu dieser sicherheitsrechtlichen Überprüfung ist bekanntlich umstritten.[118]

Zwischen den Unternehmern und dem Freistaat kommt ein Vertrag zustande, sodass man nicht von einem Eingriff in das Recht der informationellen Selbstbestimmung der aufseiten der Firma Beschäftigten ausgehen kann. Allerdings verlangt das Recht auf informationelle Selbstbestimmung auch, dass der Staat das Recht vor Beeinträchtigungen außerhalb des Eingriffs schützt. Das gilt für Belastungen durch Private genauso wie vor Belastungen von ihm selbst, die auf vertraglicher Grundlage beruhen.

Dies gilt schon deshalb, weil die Unternehmen diese Pflicht an ihre Arbeitnehmer weiterreichen würden und nur diejenigen einstellen werden, die vorher eine entsprechende Einwilligung unterschrieben haben. Diese Form der Einwilligung auf Freiwilligkeitsbasis ist wertungsmäßig sehr nahe am staatlichen Eingriff. Zudem wird eine solche Einwilligung

---

118 Für eine Zulässigkeit Bayerischer Datenschutzbeauftragter, 22. Tätigkeitsbericht für die Jahre 2005/2006, 4.4; a. A. *Menzel*, DuD 2008, 400, 402.

(auch) gegenüber dem Arbeitgeber abgegeben, was die bereits darge-stellten Fragen nach der Freiwilligkeit der Einwilligung aufwirft.

Im Ergebnis muss der Staat daher sicherstellen, dass bei dem Vertrags-schluss die gleichen Anforderungen an die Einwilligungserklärungen garantiert und weitergereicht werden, wie sie für die Abgabe der Erklä-rung seitens seiner Beamten gelten.

H. Vereinbarkeit mit dem Grundsatz „nemo tenetur se ipsum accusare"

I. Der Grundsatz

Gemäß dem oben genannten Sachverhalt kann es dazu kommen, dass eine Beamtin oder ein Beamter bzw. ein Angehöriger eines Zulieferungsbetriebs seine Einwilligung in die Speicherung seiner DNA abgibt und eine entsprechende Probe zuliefert, anschließend eine Straftat begeht und selbst auf Grundlage der abgelieferten Daten der Straftat überführt wird. Es stellt sich daher die Frage, inwieweit die Verwertung der freiwillig abgegebenen Information für eine später begangene Straftat zulässig ist.

Nach dem Grundsatz „nemo tenetur se ipsum accusare" darf niemand gezwungen werden, sich selbst strafrechtlich zu belasten. Danach steht es dem Beschuldigten frei, sich zum Tatvorwurf zu äußern oder von seinem Schweigerecht Gebrauch zu machen. Auch im Übrigen darf der Beschuldigte nicht gezwungen werden, aktiv an der Aufklärung des Sachverhaltes mitzuwirken.[119] Die strafrechtliche Selbstbelastungsfreiheit ist dabei nicht nur in der StPO niedergelegt, sondern ist auch verfassungsrechtlich gewährleistet. Der Grundsatz, dass niemand gezwungen werden darf, durch eigene Aussage die Voraussetzung für eine strafgerichtliche Verurteilung zu liefern, ist vom Bundesverfassungsgericht als Teil des allgemeinen Persönlichkeitsrechts aus Art. 2 Abs. 1 GG in Verbindung mit Art. 1 Abs. 1 GG anerkannt worden.[120] Ein Zwang zur Selbstbezichtigung berührt zugleich die Würde des Menschen, dessen Aussage als Mittel gegen ihn selbst verwendet wird.[121] Der Grundsatz ist dabei nicht nur dann verletzt, wenn der Betroffene rechtlich gezwungen wird, im Strafverfahren auszusagen, sondern auch dann, wenn in sonstiger Weise mittelbar ein unstatthafter Aussagedruck herbeigeführt wird. So sind etwa in anderen Verfahren bestehende und erzwingbare Auskunftspflichten nur dann verfassungsgemäß, wenn diese Aussagen nicht in

---

[119] BVerfG (Kammer), Beschl. v. 27.04.2010, Az.: 2 BvL 13/07 (juris, Rn. 2); *Niemöller/ Schuppert*, AöR 107 (1982), 387, 422 f.

[120] BVerfGE 56, 37, 41 f.; BVerfGE 95, 220, 241; BVerfG (Kammer), Beschl. v. 21.04.2010, Az.: 2 BvR 504/08, 2 BvR 1193/08 (juris Rn. 17); s. a. BVerfG (Kammer), Beschl. v. 31.03.2008, Az.: 2 BvR 467/08 (juris Rn. 6); BVerfGE 56, 37, 50 f.; BVerfG (Kammer), Beschl. v. 15.10.2004, Az: 2 BvR 1316/04 (juris, Rn. 8); BVerfG (Kammer), Beschl. v. 07.07.1995, Az: 2 BvR 326/92 (juris Rn. 31).

[121] Vgl. BVerfGE 56, 37, 41 f.

das Strafverfahren einfließen können.[122] Es ist auch unzulässig, den Beschuldigten einem zu hohen psychischen Aussagedruck zu unterwerfen.[123] Die Wirkung des Nemo-tenetur-Prinzips beschränkt sich aber nicht auf Mitwirkungspflichten im Strafverfahren, sondern besitzt auch eine Ausstrahlungswirkung auf Mitwirkungspflichten in anderen Verfahren. Es ist unstreitig, dass durch andere Verfahren und dort vorgesehene zulässige Mitwirkungspflichten die Selbstbelastungsfreiheit des Betroffenen nicht unterlaufen werden darf. Maßgeblich ist hier der sogenannte Gemeinschuldnerbeschluss des Bundesverfassungsgerichts vom 13.01.1981. Der Leitsatz der Entscheidung lautet: Grundrechte des Gemeinschuldners werden nicht dadurch verletzt, dass er nach den Vorschriften der Konkursordnung uneingeschränkt zur Aussage verpflichtet ist und dazu durch die Anordnung von Beugemitteln angehalten werden kann. Offenbart er strafbare Handlungen, darf seine Aussage nicht gegen seinen Willen in einem Strafverfahren gegen ihn verwertet werden.[124] Die Reichweite der Ausstrahlungswirkung ist in Rechtsprechung und Literatur umstritten. Eine genaue Auseinandersetzung würde den Rahmen der vorliegenden Untersuchung sprengen. Es sei daher auf eine sorgfältige Darlegung an anderer Stelle verwiesen.[125] Als grobes Raster kann gelten:

– Die Ausstrahlungswirkung greift nicht nur bei Aussagen, sondern bei jedem aktiven Verhalten des Betroffenen. Nur reine Duldungspflichten sind nicht geschützt.

– Die Ausstrahlungswirkung setzt voraus, dass die Selbstbelastung des Betroffenen auf staatlichem Zwang beruht. Freiwillige Selbstbelastungen sind verwertbar.

– Die Ausstrahlungswirkung schützt nur vor einer Verwertung der Aussage im Strafverfahren. Dafür ist nicht zwingend ein Verweigerungsrecht im Verwaltungsverfahren erforderlich. Bei ausreichenden Gründen kann die Mitwirkung im Verwaltungsverfahren erzwungen werden und die Nichtverwertung im Strafverfahren durch Abschottungsregeln wie Verwertungsverbote sichergestellt werden.

---

[122] BVerfGE 56, 37, 50 f.; BVerfG (Kammer), Beschl. v. 15.10.2004, Az: 2 BvR 1316/04 (juris, Rn. 9); ausführlich dazu *Heinrich Amadeus Wolff*, Selbstbelastung und Verfahrenstrennung, 1997, 99 ff.

[123] BVerfG (Kammer), Beschl. v. 07.07.1995, Az: 2 BvR 326/92 (juris Rn. 32).

[124] BVerfG, Ut. v 13.01.1981, 1 BvR 116/77, BVerfGE 56, 37 ff.

[125] Vgl. *Wolff*, Selbstbelastung, 1997, S. 105 ff.

II. Die Folgerungen für die Erstellung von Mitarbeiterdateien

Legt man die bisherigen Erkenntnisse, wie sie sich aus der verfassungsgerichtlichen Rechtsprechung zur Ausstrahlungswirkung ergeben, zugrunde, verletzt eine Verwertung von DNA-Identifikationscodes, die der Betroffene freiwillig abgegeben hat, gegen seinen Willen in einem Strafverfahren gegen ihn selbst nicht das verfassungsrechtliche Gebot der Selbstbelastungsfreiheit. Dies ergibt sich aus folgenden Gründen:

- Die Belastung ergibt sich nicht aus einer aktiven Mitwirkung des Betroffenen, sondern aus der Duldung der Verwertung von kleinsten Körperteilchen.

- Die Abgabe der Probe zwecks Gewinnung des DNA-Identifikationscodes und die Aufnahme in eine Datei erfolgen mit Einwilligung des Betroffenen und ohne jeden Zwang. Zutreffender Ansicht nach ist das Merkmal des Zwangs eine essenzielle Voraussetzung für das Eingreifen der Schutzwirkung der Ausstrahlungswirkung.[126]

- Schließlich hat in der vorliegenden Konstellation der Betroffene seine Mitwirkung, um die es geht, vor einer potenziellen Straftat abgeleistet. Er kennt daher zum Zeitpunkt der Straftat die Ermittlungsmöglichkeiten des Staates. Dies ist ein wesentlicher Gesichtspunkt, der im Umweltverwaltungsverfahrensrecht für die Verwertung der sogenannten Eigenüberwachung spricht.[127]

Bei der vorliegenden Konstellation ist der Betroffene auch dadurch geschützt, dass er jederzeit seine Einwilligung widerrufen und somit die Verwertung der Daten verhindern kann.

Als Zwischenergebnis ist daher festzuhalten, dass eine Verwertung der gespeicherten Daten auch zulasten der Betroffenen bei ausreichender Einwilligung nicht gegen den Grundsatz „nemo tenetur se ipsum accusare" verstößt.

---

[126] Vgl. *Wolff*, Selbstbelastung, 1997, S. 130 f.

[127] Vgl. *Wolff*, Selbstbelastung, 1997, S. 218; vgl. BVerfGE 81, 70, 97.

I. Gesamtergebnisse

Es gibt gewichtige Gründe, die dafür sprechen, dass eine Mitarbeiterdatei, in der die DNA-Identifikationscodes von Polizeibeamtinnen und -beamten gespeichert werden, einer gesetzlichen Grundlage bedarf und nicht alleine auf eine Einwilligung gestützt werden kann. Diese Gründe sind vor allem:

- Es gibt eine gesetzliche Regelung zur Einholung von DNA-Identifikationscodes in Strafverfahren – §§ 81e ff. StPO –, von der die Mitarbeiterdatei nicht gedeckt ist.

- Zwischen Dienstherrn und Beamtinnen und Beamten besteht ein Abhängigkeitsverhältnis, das die Freiwilligkeit der Einwilligung infrage stellt.

- Im Beamtenrecht gilt ein strenger Vorbehalt des Gesetzes für die Ausgestaltung des Rechtsverhältnisses.

- Die Ausgestaltung der Mitarbeiterdatei kann mit guten Gründen als „wesentlich" im Sinne des Wesentlichkeitsgrundsatzes verstanden werden, da rechtsstaatlich die Schutzpflicht des Rechts auf informationelle Selbstbestimmung und der Gedanke des Grundrechtsschutzes durch Verfahren eine gesetzliche Regelung nahelegen und demokratisch der Gedanke der Unbeherrschbarkeit und Unvoraussehbarkeit der Technik dem Gesetzgeber die Verantwortung für die Festlegung der rechtlichen Grenzen auferlegt.

- Die Einstellung von DNA-Identifikationscode in eine elektronisch abrufbare Datei stellt angesichts der unkalkulierten Folgen im Falle eines Missbrauchs (Zugriff auf den codierten Teil), der unabsehbaren Zukunftsentwicklung der DNA-Analyse), der nicht ausgleichsfähigen Schäden im Falle der Weitergabe der Daten, der unglaublichen Verwendungsmöglichkeiten des DNA-Identifikationscodes, der Möglichkeit der Erstellung von Bewegungsprofilen und des bestehenden Abhängigkeitsverhältnisses bei Erhebung der Daten eine so hohe Belastung dar, dass man zum Schutze des Betroffenen an der Zulässigkeit der Verarbeitung allein auf Grundlage der Einwilligung seine Zweifel haben kann.

- Selbst wenn man davon ausgeht, dass innerhalb des Bereichs des Vorbehalts des Gesetzes eine Datenverarbeitung auf der Grundlage einer Einwilligung möglich ist, obwohl es eine gesetzliche Regelung dafür gibt, so ist diese Datenverarbeitung auf Basis der Einwilligung nur zulässig, wenn durch die Abweichung von der gesetzlichen Regelung sowohl die öffentliche Stelle als auch der Betroffene Vorteile erhält. Ob dies im Fall der Mitarbeiterdatei der Fall ist, ist offen.

Es sind Modelle einer dezentralen Lagerung der DNA-Identifikationscodes denkbar (bei den Betroffenen), die der Effizienz der Mitarbeiterdatei nicht unbedingt unterlegen sein müssen. Der Dienstherr muss dabei belegen, dass die Mitarbeiterdatei im Vergleich zu der anderen Lösung, bei der der Betroffene die Herrschaft über die Datenverarbeitung in der Hand behält, besser für den Ausschluss von Trugspuren geeignet ist.[128]

– Auch wenn es nicht ausgeschlossen ist, rechtlich anzunehmen, die Mitarbeiterdatei könne auf Grundlage einer Einwilligung errichtet und betrieben werden, so ist dennoch eindeutig, dass eine gesetzliche Grundlage, am besten zusätzlich zur Voraussetzung der Einwilligung, wünschenswerter ist als die alleinige Grundlage der Einwilligung. Sieht der Dienstherr davon ab und errichtet er eine Mitarbeiterdatei auf der Basis einer Einwilligung, geht er prozessual ein erhebliches Risiko ein. Es besteht eine relativ hohe Wahrscheinlichkeit, dass im Falle einer gerichtlichen Überprüfung der Zulässigkeit des Betreibens einer Mitarbeiterdatei ohne gesetzliche Grundlage von den Verwaltungsgerichten, ein solches Vorgehen nicht für zulässig gehalten wird. Dass diese Frage jemals gerichtlich entschieden werden wird, ist zwar nicht sehr wahrscheinlich, da wegen der Einwilligung in der Regel keine Belastung vorliegt, die Voraussetzung für die Erhebung einer verwaltungsgerichtlichen Klage ist, ausgeschlossen ist dies aber dennoch nicht.

Nach zutreffender Ansicht wird man die Einwilligung als rechtliche Grundlage nicht völlig ausschließen können. Dateien, die mangels gesetzlicher Grundlage auf eine Einwilligung gestützt werden, sind nur zulässig, wenn der Gesetzgeber grundsätzlich auch eine gesetzliche Regelung schaffen könnte. Ist die Datei nicht einmal mit gesetzlicher Grundlage möglich, darf die Verwaltung dies nicht durch Einholung von Einwilligungen unterlaufen werden. Im Fall einer Mitarbeiterdatei des Freistaats Bayern dürfte der Freistaat die Möglichkeit der Schaffung einer gesetzlichen Grundlage besitzen.[129]

Entscheidend ist weiter, dass die Freiwilligkeit, die Informiertheit und die Bestimmtheit der Einwilligung der Reichweite der Belastung gerecht werden. Die Erstellung einer DNA-Datei von Mitarbeitern oder wirtschaftlich abhängigen Personen bedarf der Beachtung höchster Anforderungen an die Informiertheit und die Freiwilligkeit der Einwilligungserklärung. Der Dienstherr bzw. die Verwaltung kann sich nicht mit der Hoffnung

---

[128]   S. o. S. 60.

[129]   S. o. S. 57 ff.

begnügen, auf die betroffenen Personen würde schon kein Druck – sei es aus der Situation heraus, sei es durch Dritte wie Dienstvorgesetzte – ausgeübt werden.

Der Dienstherr muss daher rechtlich sicherstellen, dass auf die Betroffenen in der konkreten Situation kein unzulässiger Druck zur Abgabe der Einwilligung ausgeübt wird.[130] Er muss den Dienststellenleitern und den Personen, die Einfluss auf die Betroffenen haben, deutlich darlegen, dass aus dem Umstand der Verweigerung der Einwilligung keine nachteiligen Folgen gezogen werden dürfen. Jede Form der Ausübung von Druck ist unzulässig, wie etwa der Hinweis auf die eingeschränkte berufliche Verwendungsmöglichkeit, auf die fehlende Unterstützung zur Versetzung in andere Bereiche und Ähnliches. Auch die Ausschreibung oder Vergabe eines Dienstpostens nur an den, der vorher die Einwilligung zur Aufnahme in die Mitarbeiterdatei abgibt, wäre unzulässig.[131] In gleicher Weise muss der Dienstherr die Zweckbindung absichern. Die verfahrensrechtliche Absicherung der Mitarbeiterdatei verlangt eine Selbstvergewisserung des Dienstherrn, welche Sanktionsmöglichkeiten für diejenigen, die gegen die rechtlichen Kautelen der Datei verstoßen, möglich sind, und eine Bekanntgabe dieses Ergebnisses an die relevanten Stellen.[132]

Weiter muss der Dienstherr klar regeln, was im Fall einer Verweigerung der Einwilligung gelten muss.[133] Er kann dies nicht dem Verwaltungslauf selbst überlassen. Die Regelung muss dabei rechtmäßig sein. Unzulässig wäre es, die Einwilligung als Voraussetzung für eine für den Polizeibediensteten übliche Beschäftigung abhängig zu machen. Der Dienstherr muss klarstellen, welche Rechtsfolge für den Fall der Verweigerung der Einwilligung gilt. Dies muss dem Betroffenen ebenfalls im Voraus und verbindlich mitgeteilt werden. Der Betroffene muss erkennen können, in welcher Konstellation der Dienstherr auch ohne seine Einwilligung einseitig eine Blutprobe entnehmen und auf dieser Basis einen DNA-Identifikationscode erstellen kann. Nur wenn die Betroffenen diese kennen, können sie die für sie persönlich relevante Abwägungsentscheidung treffen, ob ihnen der Weg über die Mitarbeiterdatei, aus welchen Gründen auch immer, angenehmer und sinnvoller erscheint als der gesetzliche Weg.

---

[130] S. o. S. 86.
[131] S. o. S. 88.
[132] S. o. S. 94.
[133] S. o. S. 89.

Darüber hinaus müssen die Betroffenen die verbindlichen Verfahrensgrundlagen der Mitarbeiterdatei kennen, d. h., dass sie über die Zugriffsberechtigten, die Zugriffssituation und die Weitergabemöglichkeiten informiert sind. Sie müssen auf ihre Widerrufsmöglichkeiten und auf die gesetzliche Regelung des § 81e StPO hingewiesen werden.

Die Belastungswirkung der Einwilligung wird im vorliegenden Kontext erheblich dadurch gemindert, dass die Dateien pseudonymisiert gespeichert werden, die Depseudonymisierung und die Speicherung von getrennten Personen vorgenommen werden und der Kreis der Zugriffsberechtigten besonders klein ist. Diese essenziellen Parameter können nicht geändert werden, ohne zugleich Auswirkungen auf die Zulässigkeit und weitere Wirksamkeit der Einwilligung zu haben.[134]

Weiter gibt es eine Reihe von Gesichtspunkten, von denen unklar ist, ob die Ausgestaltung sie bisher vorsieht, die aber vorgesehen werden müssen, um die Belastungswirkung auf ein einwilligungsfähiges Niveau zu drücken. Für die Datei sollte eine Errichtungsanordnung erstellt werden, welche die Verwendungszwecke der Mitarbeiterdatei klar und abschließend umschreibt. Für die Zugriffe muss eine strenge Protokollierung vorgesehen werden.[135] Die Löschung der Daten bei Ausscheiden der Betroffenen aus dem relevanten Dienstverhältnis ist zwingend vorzusehen. Weiter muss die Einwilligung in regelmäßigen Abständen, wie etwa alle drei Jahre, erneuert und eine entsprechende Prüfpflicht eingeführt werden.[136] Die beschränkte Geltungsdauer der Einwilligung tritt neben die jederzeitige Widerruflichkeit und gleicht zum Teil die erheblichen Nachteile aus, die darin liegen, dass der Betroffene die Herrschaft über seine Daten verliert. Sie verhindert, dass die Betroffenen die Einwilligung und die Datenverarbeitung vergessen, und ermöglicht dem Dienstherrn, notwendige Änderungen in der Dateistruktur umzusetzen. Diese regelmäßige Erneuerung kann mit regelmäßigen Personalführungsgesprächen verbunden werden. Es muss sichergestellt sein, dass bei der Erstellung der DNA-Identifizierungsmuster kein Zugriff auf den codierenden DNA-Teil stattfindet.[137] Der Betreiber der Mitarbeiterdatei muss grundsätzlich der Staat selbst bleiben.[138]Will der Dienstherr die Datei aus der Hand geben, muss er sie auf eine belastbarere Grundlage stellen und eine gesetzliche Grundlage schaffen.

---

[134]   S. o. S. 100.

[135]   S. o. S. 95.

[136]   S. o. S. 97.

[137]   S. o. S. 99.

[138]   S. o. S. 100.

Die Verwendung in der Datei gespeicherter DNA-Identifizierungsmuster für den Fall, dass der Betroffene selbst eine Straftat begeht, wirft erhebliche Spannungen mit dem Grundsatz „nemo tenetur se ipsum accusare" auf. Nach zutreffender Ansicht wäre eine Verwendung aber nicht unzulässig.

Aus unserem Verlagsprogramm:

Manuela Gürtler-Bayer
Der behördliche Datenschutzbeauftragte
Eine Analyse rechtlicher Probleme in der Konzeption des
behördlichen Datenschutzbeauftragten unter Berücksichtigung
der EU-Datenschutz-Grundverordnung
Hamburg 2014 / 338 Seiten / ISBN 978-3-8300-8013-8

Ubbo Aßmus
Datenschutzrechtliche Anforderungen an die E-Mail-Aufbewahrung
im Unternehmen
– Grenzen und Gestaltungsmöglichkeiten –
Hamburg 2014 / 414 Seiten / ISBN 978-3-8300-7583-7

Verena Glaser
Die datenschutzrechtlichen Grenzen bei der internationalen
Informationshilfe durch deutsche Steuerbehörden innerhalb
der Europäischen Union
Hamburg 2014 / 280 Seiten / ISBN 978-3-8300-7580-6

Felix Burgkardt
Grundrechtlicher Datenschutz zwischen Grundgesetz
und Europarecht
Hamburg 2013 / 468 Seiten / ISBN 978-3-8300-7494-6

Oliver Johannes Apostel
Personensuchmaschinen
Haftungsprivilegierung und datenschutzrechtliche Zulässigkeit
nach deutschem Recht
Hamburg 2013 / 294 Seiten / ISBN 978-3-8300-7460-1

Ludwig Gascher
Zulässigkeit eines Datenabgleichs zur Aufdeckung von Straftaten
von Arbeitnehmern
Hamburg 2013 / 164 Seiten / ISBN 978-3-8300-7428-1

Marcin Chmielewski
Die Vorratsdatenspeicherungs-Richtlinie und ihre Umsetzung
in Deutschland und in Polen
Hamburg 2013 / 390 Seiten / ISBN 978-3-8300-7422-9

Sven Lohse
Beschäftigtendatenschutz bei der Verhinderung und Aufdeckung
von Straftaten
Eine Untersuchung des geltenden Rechts und der Gesetzesentwürfe
der Bundesregierung, von Bündnis 90/Die Grünen und der SPD
Hamburg 2013 / 308 Seiten / ISBN 978-3-8300-7307-9

Eric Lindner
Die datenschutzrechtliche Einwilligung nach §§ 4 Abs. 1, 4a BDSG –
ein zukunftsfähiges Institut?
Hamburg 2013 / 290 Seiten / ISBN 978-3-8300-7011-5

VERLAG DR. KOVAČ

FACHVERLAG FÜR WISSENSCHAFTLICHE LITERATUR

Postfach 57 01 42 · 22770 Hamburg · www.verlagdrkovac.de · info@verlagdrkovac.de